十和子道

君島十和子

集英社

読者の皆様へ

こんにちは。君島十和子です。

2016年5月30日に50歳になりました。

私にとって若い頃から50歳という年齢は、なぜだか特別な年齢であり
ターニングポイントだと思っていました。

50歳になった時、自分はどんな生活をしているんだろう。

どんな家に暮らし、どんな服を好み、家族とどんな会話をしているんだろう。

何を悩み、何が一番の楽しみで、何に夢中になっているんだろう。

そして……素敵な大人の女性になれているんだろうか？

いつしか、50歳をどう迎え、どのような50代を過ごすかが
私の一つの課題となっていました。

もちろん充実した毎日を送り、内側からキラキラと輝いていられたら嬉しい。

「十和子さんは、変わりませんね」

そう言ってくださる方もいらっしゃいますが、人間ですからそんなことはありません（笑）。

若い頃は当たり前のように履いていた8㎝のハイヒール、
外出の時にいつも持っていた重たい革のバッグも、最近、毎日はキビシイ。

疲れなくて長時間歩けて、しかもオシャレな靴や、軽くて機能性が高く
それでいてエレガントなデザインの布バッグを探し始めた自分に
間違いなく時の流れ、時間の経過を感じています。

家族の状況も変わりました。

上の娘は一昨年から親許を離れ関西で暮らしています。

一人いなくなっただけで突然我が家が広く感じられたときの驚き。

そのうち下の娘も巣立つ日が来るはずです。

夫婦二人だけの暮らしになった時のシミュレーションを
漠然とではありますが、考え始めるようになりました。

ではこれから先の10年、20年は何があるんだろう？

ワクワク。ドキドキ。そしてときどき悪あがき。

そんな気持ちが交錯しながら、50代を迎えた今の私。

お読みくださった方がどうお感じになるのか、正直ちょっと緊張していますが
この本を読んだ方が、年齢を重ねることを
ポジティブに受け止めてくださるようになれば嬉しいです。

2016年10月　君島十和子

Contents

※本書に掲載されている価格は全て本体価格（税抜）です。
価格、名称などは取材時（2015年8月～2016年6月）のものです。取材後変更されている場合もございます。

第1章 Beauty

十和子流 50歳からのキレイの磨き方

20年前、結婚を機に芸能界を引退。二人の娘の子育てに専念した10年にわたる専業主婦期間を経て、美容家として表舞台に戻ってきた時、女優時代よりも磨きのかかったその美貌に驚いた人は多かったはず。「きっとエステ三昧で、家では鏡ばかり見てるんでしょ」そう勘ぐりたくなる人も多いでしょうが、その答えは、NO。

衰えぬ容姿の背景にあったのは、きちんとした暮らしと自分にとって何が一番大事かを見極める感性でした。

美を育むのは、メイクやコスメだけではなく、生き方そのもの——。その〝生き方〟を知りたいと密着取材したのが、この「十和子道」です。第1章では奇跡の50歳と称される、十和子さんの変わらぬ美しさの秘訣、今後もその美を維持するために行っていることをご紹介します。

INTERIOR

キレイな部屋は美人をつくる
君島家のキレイのルール

「部屋と暮らしを美しく保つことで生まれる〝自信〟は女性を必ずキレイにする」と十和子さんは言う。〝掃除という自分磨き〟はいつだって誰だって始められます

人は、特に女性は環境に同化しやすい生き物です。どんな環境にも良くも悪くも慣れてしまうもの。だったら「キレイ」な部屋と暮らしに慣れてしまおうと思いました。モノがきちんと整理された部屋にいるだけで、幸せな気分になれるし、洗い立てのシーツはパリッと心地よく、ピカピカに光るガラス窓や鏡を見るのは気分がいい。モノや部屋が美しくあることは、誰にとっても気持ちのいいものです。

そして一度キレイになった場所は汚せない、キレイな暮らしは汚しづらい……そんな美の恒常性も働く不思議。自分の周囲がキレイだと、それは「自信」になります。目に見えなくても自分を取り巻く「清潔」「清廉」という空気は人を確実に美しく豊かにしてくれる。私たちにとって、一番確実で手応えのあるアンチエイジングは「掃除という自分磨き」かもしれません。

「ガラス磨きは大好きです。でもなぜか主人が磨くほうが仕上がりが圧倒的にキレイ。なんか悔しいんですが、完敗です(笑)。私は最後のツメが甘いようで……」。ピカピカのガラスは君島家の象徴。今日も明日もせっせと磨く

暮らしが整えば、纏うオーラも変わるはず

夕食の洗い物が終わった後、台所のふきんに固形石鹸をこすりつけ、力を込めてゴシゴシと洗います。飛び跳ねた油や食べこぼしを拭いた跡のシミがみるみる落ちて真っ白になると、なんとも幸せな気持ちになります。一番好きな家事は洗濯。苦手なのが整理整頓(主人に言わせると「キレイ好きの片づけ下手」。言いえて妙です)。

主人は義母の一貫した美意識の下に育ったこともあり、我が家では「ミスター原状復帰」の異名を持つほどの整理整頓の名手。そんな彼のおかげで、我が家はいつもすっきりと片づいていて、生活感の出やすいキッチンも「ホテルみたい」と言われるほど。なるほど言われてみれば、カウンターには炊飯器も調味料も食器用洗剤も何も置いてありません。キッチンらしい味わいや雰囲気は敢えて排除し、徹底した収納でモノを見せないようにしています。この「見せない収納」が、我が家の「キレイのルール」の基本です。

その他にもルール(P12〜参照)があるのですが、「ストイックで大変そう」と思う方もいるかもしれません。でもこのルール、実は主婦が楽をするため、そして美しい人になるためにあるのです。

我が家はどの部屋もモノが少ないので、お掃除がいたって簡単です。台所のシンクやバスルームも水滴を残さず拭いているので、水垢で白濁したりすることもなく、カビ取りに手間取る時間を省けます。常に「原状キープ」を心がけているので、年末の大掃除もことさらやる必要がありません。日々の些細な掃除や片づけの習慣は

掃除もアンチエイジングも、敵は「面倒くさい」という怠惰。「お掃除は頭をからっぽにして、とにかく手と体を動かしてやってみること。キレイになったときの達成感を一度知ってしまえば、こっちのものです」。無敵な十和子さん

「掃除にかかる時間と手間を激減」させ、結果、主婦を楽にしてくれるものだと思うのです。

50年も生きていると「部屋のキレイと自分のキレイはリンクする」ことや「キレイな部屋が美人をつくる」という、まことしやかに囁かれる相関関係が、真実であることがわかってきます。年季のはいった家でも、愛情を込めてケアされた家は、清潔で居心地がよく、アンティークともいえる味わいや趣があります。これは女性のエイジングと同じこと。手入れの行き届いた白髪や、笑顔がつくった目尻のシワ、そしてシミはあっても温かみのある肌、血や気が巡っている体は美しいものです。

だから部屋も自分もせっせと手をかけて「キレイをキープ」するべき。自分を取り巻く場（部屋）がキレイだと、それは自信に繋がります。目に見えなくとも、「清潔」や「清廉」という空気は確実に女性をキレイにするのです。

そしていつもキレイな家ならばいつでも人様をお呼びできます。子どもたちが、お友達を招きたいというときに「いつでもOKよ」と言ってあげたい。ふいに玄関のチャイムが鳴っても「どうぞ、上がって」と慌てずお迎えできれば私の母としてのメンツも保てるというもの（笑）。娘のお友達に限らず、どなたにも「うちへいらっしゃいませんか?」「いつでもいらしてください」が、すぐに言えるのは嬉しいことです。

やったらやった分だけ確実にキレイが返ってくるという「100％報われる努力」が、お掃除です。自分の意志が全てに行き届くという、嬉しくて正しい条理。今日も私はその「キレイの報酬」を期待して、せっせとふきんを洗い、ガラスをピカピカにしようと思うのです。この下心は一生持ち続けるつもりです（笑）。

Towako's 美語録　忙しい、面倒……言い訳ばかりしていると、キレイはどんどん遠ざかります

君島家のキレイのルール7

十和子さんが結婚以来守り続けている約束は、キレイな人と暮らしをつくる奥義です

Rule 01 「水回りに水滴を残さない」

我が家は水回りといわれるところは、全て「水滴厳禁」。水滴を残すと水垢が付着してしまい、取り除く作業に手間と時間がかかってしまうから。

私はキッチンでの洗い物が終わると専用のふきんでシンクの水滴を拭き取り、お風呂の床は主人がスクイジーで、一滴残らず掻きだしています。

キッチンの壁や調理台についた水滴（油も）は、気がついたら、その都度ふきんやキッチンペーパーで拭き取る。「水滴厳禁」のルールはお風呂場にも適用。「シャンプーのボトルも水滴を拭き取り、洗面所の棚に収納しています」

Rule 02 「ヒカリモノはいつもピカピカに！」

「ガラスや銀器はピカピカに光っているべきもの。汚れや指紋はもちろん、拭き跡も残してはいけない」という義母の教えを守っています。当時は右手に濡れタオル、左手に乾いたタオルの2枚使いで拭いていましたが、今はキッチンペーパーと除菌効果のあるクリーナーで、キュキュッと。

シンク、蛇口、ポットなどの何気ないヒカリモノもキッチンペーパーでこまめに磨く。「サステナブルな観点からいえば、ぞうきんを使うべきだと思うのですが、汚れが目についたときにささっと手早く拭けるのはキッチンペーパーです」

「窓がくもっていると、せっかくの空と木と雲がキレイに見えない。あー、もったいない、って思うんです」。君島家のリビングにある大きなガラス窓もキレイの象徴

ピカピカの窓ガラスとピカピカの十和子肌。キレイの相関関係、ここに立証！

ご主人が磨き始めると、瞬く間にピカピカに。「腰の入り方が違うでしょ（笑）」

汚れは正面だけでなく、横からもチェックするのが大事

Rule 03
「白いモノは白さをキープする」

いい感じに使い込まれた台所のふきん。けれどシミひとつなく「白さ」と「清潔」を保っている

台所で使うふきんはいつも真っ白な状態にしておくこと。これも義母の影響です。義母は洗い物が終わると毎日ふきんを石鹸で手洗いし、専用のお鍋で煮沸していました。私はさすがにそこまでしていませんが、使い込んでいる割には黄ばみもシミもなく白いのが自慢です（笑）。「毎日、漂白剤でつけ置き洗いしているんですか」と聞かれますが、いえいえ。ただ毎日、固形石鹸で、ゴシゴシと手洗いしているだけです。

白いモノに付いた汚れや黄ばみは「時間があるときにまとめて洗ってキレイにすればいい」と思っても無理です。毎日、毎回、こまめに洗うことが「元々の白さ」をキープするコツ。白いモノはその白さを保とうとすると、驚くほど長く、白く、キレイでいてくれるもの。「汚れが目立ってしまうから」と、いつの間にか家庭生活の中から姿を消してしまう「白いモノ」ですが、我が家はソファもクッションもイスも白です。白は女性にとって美しさや清廉さを育ててくれる色。娘たちのためにも私のためにも「白いモノ」にできるだけ多く囲まれていようと思っています。

Rule 04
「カラフルなモノを置かない」

我が家の家具は白、茶色、ベージュ、グレーなど、ナチュラルカラーと呼ばれる、目に優しく、調和しやすい色のものがほとんどです。

主人は結婚当初、服飾を生業としていたので、常に多彩な「色」に囲まれた環境にありました。結婚が決まった時に「僕の周りは会社も店も色とモノで溢れ返っている。だから家に帰ってきた時は、色やモノはもう見たくないんだよね」と、言った彼のひとことが、私たち夫婦の家やインテリアに対するスタイルを決めました。だから我が家は子どもたちが小さかった頃から（汚れやすいというリスクは承知で）白いソファに白いイス。そして味気ないほどシンプルなフォルムの家具を必要最小限、で選んできました。

ビビッドな色は元気やパワーを与えてくれますが、やはり刺激的で印象が強く、良くも悪くも目立ちます。

家（特にリビング）という暮らしの場の一番の役目は家族を和ませ、くつろがせることにあると考えます。会社や学校で頑張る生身の自分を解放し、伸び伸びと呼吸させる空間であってほしい。そんな休息の場に「色の刺激は必要ない」と、極力強い色を排除しました。目に優しいは、心身にも優しい気がします。

リビングには数字だけが見えるデジタル時計がひとつ。「妙な存在感もなく、室温も湿度もひと目でわかるので便利」

新品にしか見えないクッションは５年前に『大塚家具』で購入したもの。「ポンポンと叩いて空気を入れるのが日課」

白天使はアロマランプ

お気に入りのティッシュボックスカバー

ご主人が『東急ハンズ』で購入したスタイリッシュな白の脚立。軽い！

『ポルトローナ・フラウ』の白いイス。革が柔らかく色移りしやすいので専用のクリーナーは必需品

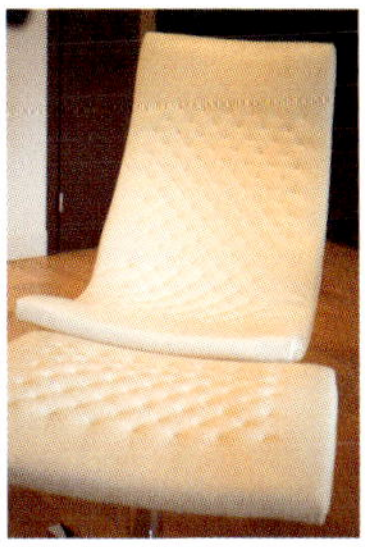

「たたずまいに一目惚れして」購入したオットマン付きのチェア

洗面所のスツールはかれこれ10年以上いるベテランの白きモノ

出張の際に泊まったホテルで使い、その便利さに即、自宅用にと購入した『デロンギ』の電気ケトル

君島家にある白いモノたち

約７年間、365日フル稼動の空気清浄機。「家電は国産が一番」

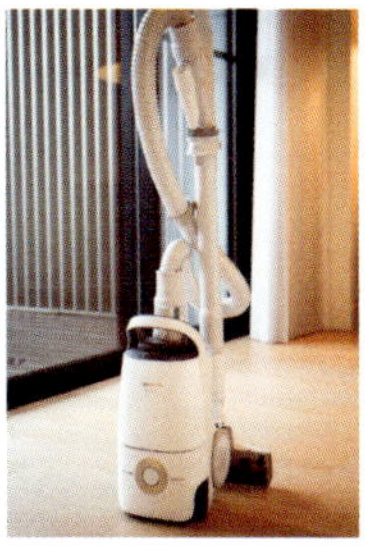

わずか２kgの軽い掃除機は、『パナソニック Ｊコンセプト』のもの

家族共有のパソコン。リビングの風景をこわさない色をチョイス

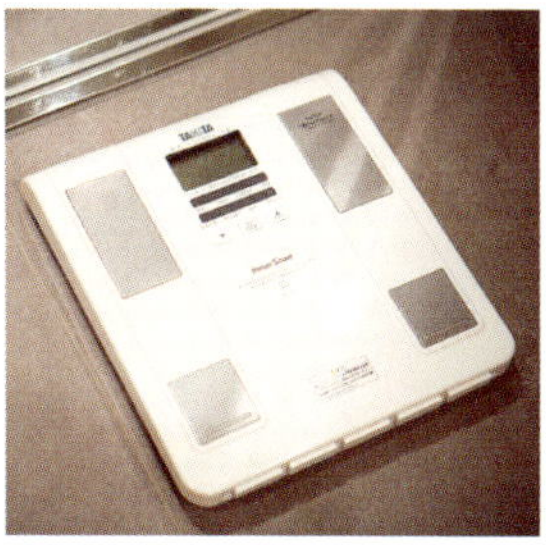

十和子さんが毎日朝晩２回乗る体重計も、もちろん白。10年以上使っているそうだが、ピカピカ

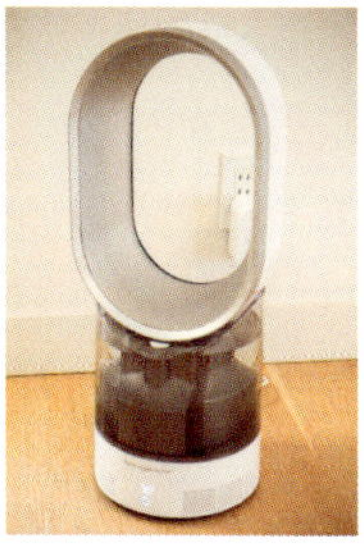

「空気中のバクテリアを99％除去」という『ダイソン』の加湿器

冷房が苦手。寝室では『バルミューダ』の扇風機で熱帯夜をしのぐ

10年前にフランスで購入したクラシカルなポットやティーセットは来客時に登場

Rule 05
「デッドスペースはそのまま デッドスペースにしておく」

デッドスペースがあると「ここに棚でもかけて、収納家具を置けばモノが置ける」という誘惑に駆られるものですが、そうなるとモノは際限なく増えていき、ホコリをかぶるモノも増える……。必然的に、掃除や片づけも増えるということになります。もっと置ける、もっと増やせるという拡張的で合理的な発想はどこか息苦しさを感じます。例えば、ぎっしりと並んだビル群は壮観ですが、ぽかりと空いた野原や空き地が街の風景を豊かに清々しくしているのかもしれません。それはきっと家でも同じこと。部屋に限らず、余白や余裕といわれる「無駄」が洗練だったりすると思うのです。だから空間を埋める作業はしないこと（ニッチはニッチのままに）。そして「今ここにある以上にモノを増やさない」という片づけの王道のルールを守ることです。

Rule 06
「出したモノは必ず元の位置に戻す」

どの部屋も必要最小限のモノしか表に出さないようにしています。キッチンも同様で、上下のキャビネットに収められるモノはすべて収め、出したモノは必ず元の位置に戻すと決めています。お鍋などの調理道具はもちろん、洗剤もスポンジもシンク下の棚に収納。炊飯器もいちいち脚立を出してこなければ取れない高いキャビネットの中にあります。「それって不便では?」と、よく聞かれますが、正直、少々不便です（笑）。でも、たかだかワンアクション、ツーアクション増えるだけのこと。たいした手間ではありません。その代わり、お掃除がうんと楽になるので、今のところ「少々不便」の勝ち。調理台の上にはほとんど何も置かないので、ふきんでさっと拭くだけでお掃除完了。少々不便なおかげで、3倍楽ちんな気がします。

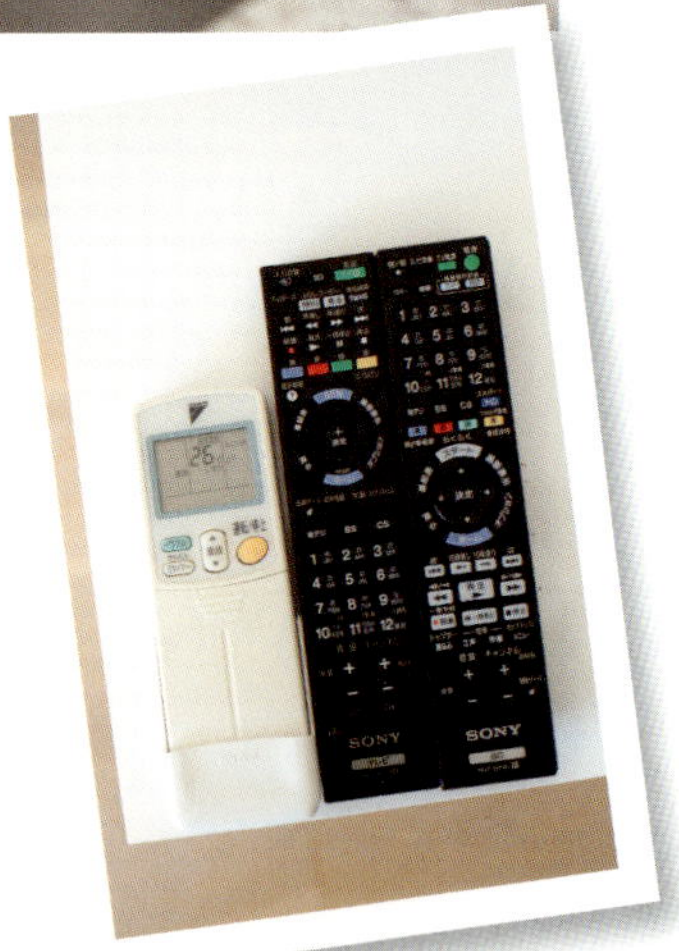

ピシッと並んだリビングのリモコン。君島家のモノたちには帰巣本能がある？　と思うほど

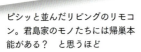

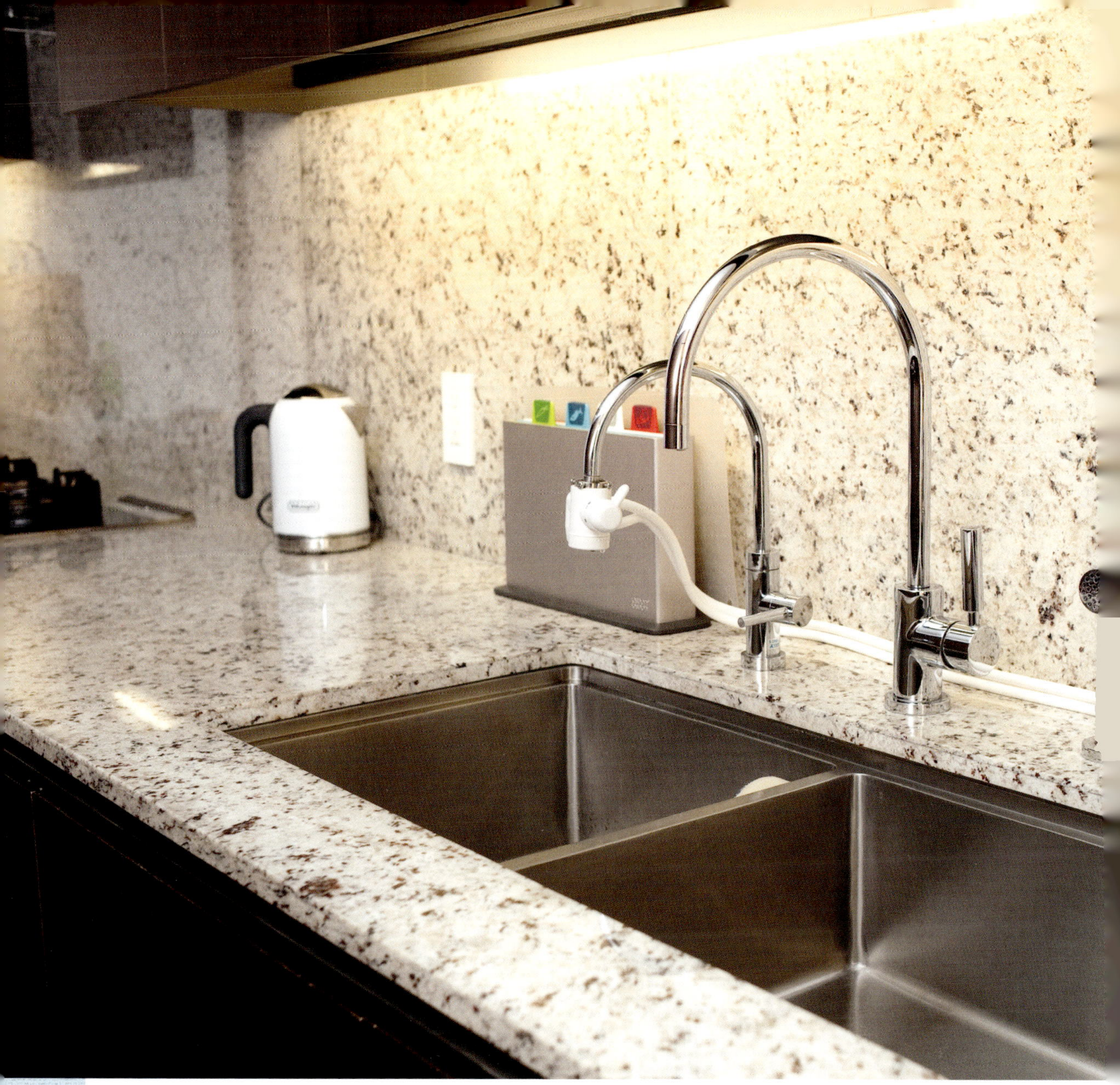

カウンターの上にはポットとまな板だけ。表に出すモノを必要最小限に絞ると、キッチンの掃除が驚くほど楽になる

Rule 07

「日用品などは大量にストックしない」

ティッシュもラップも食品の缶詰も、今あるスペースに収まる分だけしか買いません。出番を待つモノたちが溢れる状態は「不安」がギュウギュウ詰めになっているようで息苦しく、何より余分なスペースを取るからです。

サンペレグリノは家族皆が愛飲しているのでかなり消費しますが、宅配ではなく近くのスーパーで購入しています。「いちいち買いに行く」ことで、本当に必要なモノもわかるし、そんなフットワークの軽さも健康的だと思うのです。

Towako's 美語録 生活を楽しんでいるという充足感は幸福なオーラとなって必ず表面に表れます

主婦歴20年の厳しい目に
適ったモノばかりです！

君島家 愛用グッズ

見て楽しい、使って便利な十和子さんの暮らしグッズ。どれも〝キレイの陰の実力者〟

キッチングッズ 編

何に見えます？　実は……カラフルなまな板です

スタイリッシュなケースに収納されたインデックス付きまな板。水切れも抜群

スポンジはシンクに貼り付けて、水切り

シンク内の壁面に貼り付けるだけで水切り完了。乾いたらシンクの下へ

包丁は軽いセラミックを愛用

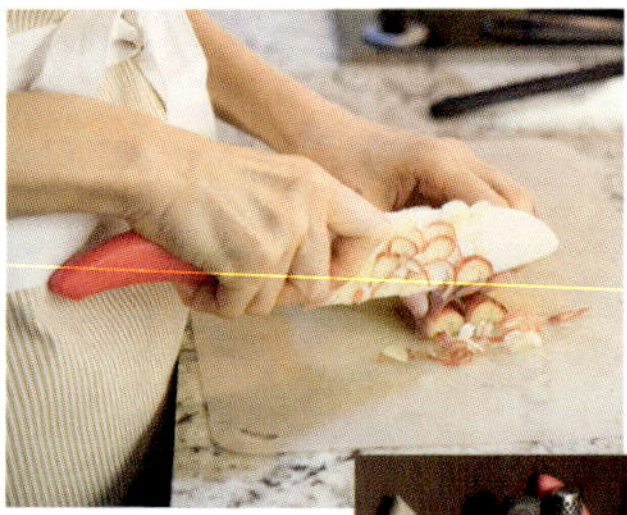

軽くて持ちやすいセラミックの包丁が一番楽。千切りも輪切りも、速い！

毎日登場！　普段使いのコーヒーセット

コーヒーのドリッパーも蛍光グリーン。君島家の差し色は黄緑と判明

一緒にお嫁入りした『ビタクラフト』のお鍋

ゆで卵からごはんまで、茹でて煮て炊くこと20年。キッチン一の古株

味噌汁づくりのお供は鮮やかなグリーンのおたま

「色のないシンプルなキッチンなので、調理グッズくらいはカラフルに」

特別公開

「出しやすく、しまいやすく。それが我が家の収納のルールです」

なかなか覗けない、よそ様の収納事情。君島家の舞台裏を遠慮なく拝見しました

キッチンのシンク下

フライパンやジューサー、洗剤、クリーナーなどを収納。「クリーナーの出番は頻繁なので、出しやすくしまいやすい、キッチンのシンク下に収納しています」。思い立ったお掃除心を萎えさせない

食器棚②

食器棚①

棚①は普段使いのもの、棚②にはおもてなし用の食器を収納。厳選された現役の食器だけが、行儀よく並ぶ。「無用の長物になっては意味がないですから」

「ほこりは無断でやってくる」と今日も、スルスルと床掃除

お掃除グッズ 編

ガラス磨きの必需品「ドーバーパストリーゼ77」

指紋も拭き跡も残さない優れもの。ドーバー パストリーゼ77(スプレーヘッド付き) 500mℓ ¥980(編集部調べ)/ドーバー酒造(株)

美白の友・ウタマロ石けん

ふきんなどのガンコな汚れは手洗いで。ウタマロ石けん ¥160/(株)東邦

主人のお風呂掃除の相棒です

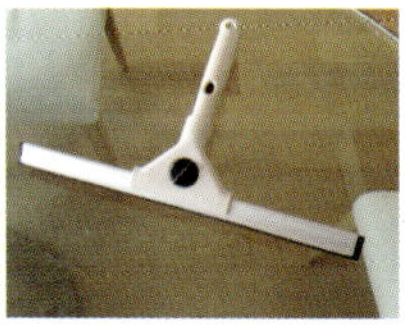

ご主人愛用のスクイジー。「ホームセンターで私が見つけてきます。やるのは彼ですが(笑)」

竹串で水回りの細かい汚れを徹底除去

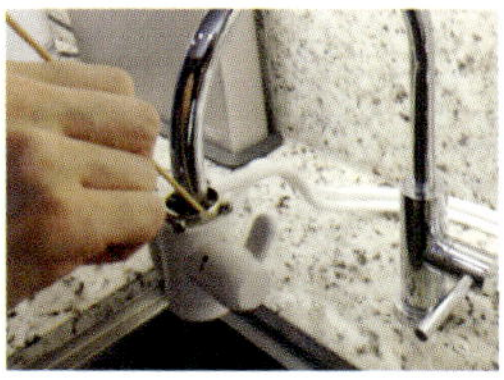

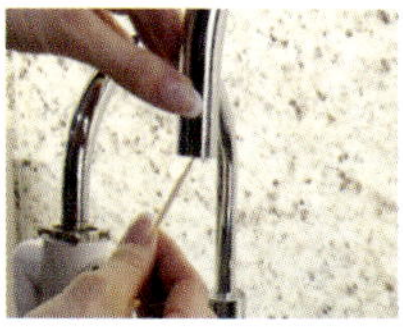

蛇口の目のつまりも気になる。「月に一度は家中回ってやっています」

編集部から

本書の企画段階から絶対掲載したかった、掃除のルールと収納棚の中。この二つには、その家の暮らしぶりが表れるからです。今回の取材で、君島家がいかにキレイ好きで合理的なのかおわかりいただけたと思います。

ウォークインクローゼット

洋服は丈の長さを揃えて掛ける。クリーニングに出した服は一カ所にまとめて。衣装ケースは同色で統一。そんな工夫と美意識がクローゼットを使いやすくする。「いらないモノ、使わないモノは何もない」君島家の潔さ

トイレの棚

こちらも掃除用の洗剤等がぎっしり。「これ以上のストックはしません。モノを重ねたり、積んだりすると、出し入れに手間がかかって使い勝手が悪くなる」。並列収納が基本です

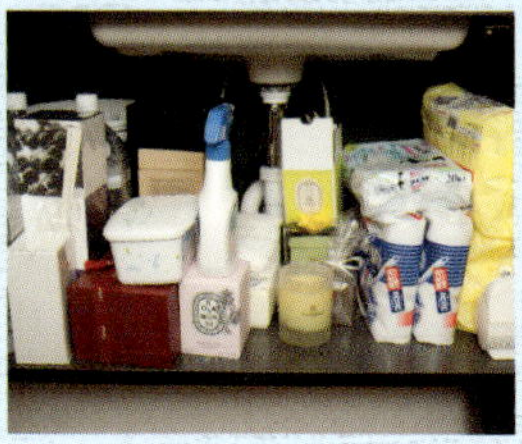

Towako's 美語録 | 美しさとは〝特別な人〟だけのものではないし、〝特別な日〟のためだけのものでもない。健やかな日々の積み重ねだけが生むものです

腰を据えてテレビやビデオを観る時はソファのヘッドレストを出す。優美なだけじゃない機能性も備えたソファ。本日、腰を据えて観ているのは……「タカラヅカ！」

リビングの主役は季節を先取る彩り豊かなブーケ。『レ ミルフォイユ』にオーダー

色と花材を決めるのはご主人の役目。このアレンジブーケは『日比谷花壇』のもの

10年、20年選手もたくさん！
君島家のインテリア

一家の団欒を見守っているのは、家族の歴史がつまった家具とこだわりのモダンファニチャーでした

ダイニングのシーリングライト。「主張し過ぎずに照度がとれるもの」という条件をクリアしたモダンファニチャー

丙午（ひのえうま）の十和子さんが48歳のときに購入した『リヤドロ』の馬の置物。「探しに探してやっと出会えた白馬です」

スペインの磁器メーカー『リヤドロ』のうさぎの置物。「義母が長女の誕生日に贈ってくれたものです」

六本木の『リビング・モティーフ』で購入した姿見。使わないときは鏡面をくるりと回転させ、存在感を消してしまうとか

上のうさぎの隣にクリスタルのお花とうさぎが。「知人からの頂き物です。家族にうさぎ年はいないんですが、すでに2匹」

家を出る前は姿見でメイクと服のバランスをチェック。「スリムな鏡ですが、機能性は十分」

クリスマスツリーも白一色！　オーナメントのひとつひとつもかなり凝ったもの

ホテルのパウダールームを思わせる美しい君島家のトイレ。色みを抑えたブーケで華やかさをプラス。シンプルで贅沢な空間

洗面所には今治産のハンドタオル。「お客様にも使っていただくものなので、使い心地にこだわって」色は風合いあるモスグリーン

シンプルで掃除が楽な洗面所のゴミ箱。色は壁やドアの茶色に合わせて

新婚時代から ずっと一緒の家具

亡くなった義父の君島一郎氏から贈られたダイニングテーブル。「20年も使い、天板は傷だらけですが家族の一員のような存在」

新婚時代に「ちょっと背伸びして買った」イタリア製のイス。娘さんが幼い頃につけたシミ跡が座面に。家族の歴史が刻まれている

義父から贈られたテラコッタの照明と棚。その棚には毎年更新される家族写真がズラリと並ぶ。君島家三代の温かな絆がここにある

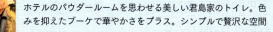

FASHION

50歳、必要なのは〃効く色〃色でアンチエイジングしませんか

大人の肌と体に必要な色は、ちょっとドキリとする「効く色」と「浮く色」。「色を上手に使えばもっと若々しくキレイでいられるはずです」と十和子さん

ベージュを纏うとき、メイクは明るく小物は派手に

ホームウエアは発色のいいネオンカラーのジャージ

肝心なのはベージュの引き際、ピンクの僥倖《ぎょうこう》

年齢とともに変化していくことのひとつに「色」とのつき合い方があります。好きな色、似合う色、危険な色……。それは年々変わっていくもの。色の持つパワーは絶大で、選び方ひとつで「老け」を加速させる敵にも、「キレイ」や「若さ」をサポートしてくれる味方にもなります。例えばベージュ。30代までは一番のお気に入りだった色です。肌に優しくなじみ、主張しないニュアンスのある色、間違いのない安全色。君島十和子を表現するのにしっくりくる色だったと思います。口紅もピンクベージュ一辺倒。メイクボックスの中から、同じようなピンクベージュの口紅やチークが何本出てきたことか……。

ところが40代になったある日、鏡に映ったベージュのワンピースを着た自分の姿を見て、強い違和を感じました。肌がくすんでる？

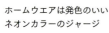

コーラルピンクの威力は絶大。圧巻の肌映りのよさ

爽やかな母性と女性性を感じさせるパステルブルー

「便利な黒より知的な紺」で、彩度と柔らかさを出す

ボディラインがゆるんでる？　顔もフォルムもぼやけてる？

　安全安心色だった色が、突然「老け」を助長する危険な色に変化したのです。変化したのはもちろんベージュではなく、エイジング真っ最中の私の肌の色や質であり、体のフォルムです。ベージュやアイボリーといった色が肌をくすませ、フォルムを曖昧にしてしまうようになったら、ベージュ一色使いからの引きどきです。

　40歳を過ぎる頃になると、俄然、明度や彩度の高い色に惹かれるようになっていきました。オレンジのカーディガンやブルーのシャツ、黄緑色のパーカーなどは身につけた瞬間、気分がパアッと晴れやかになり、心が躍ります。そして何より肌がくすまず、キレイに発色することにびっくり。

　ピンクもよりビビッドな色を好むようになり、大人のピンク使いも始めました。世間では「女性は年をとるとやたらとピンクを着たがる」なんて揶揄される色ですが、「いよいよピンクが似合う年齢になってきた」とも解釈できるわけで、それはあながち間違いではないと思うのです。

　若い頃のピンクはどうしても女性性をアピールする「媚の色」ととらえられることも多く、有り体に言ってしまえば、「モテたい色」「可憐だと思われたい色」。そんな女性の下心が漏れてしまいがちな色でした。

　しかし45歳も過ぎてくると、同じピンクでも「大人の可愛さ」や「大人の遊び心」を感じさせる、艶めいてかっこいい大人色に進化します。

　どこか鉄火で凛としていて、何より抜群に肌映りのいい色、それがピンク！　年をとった甲斐があるというものです（笑）。ピンクを嫌みなく纏えるのは加齢の恩恵だと思っています。

Towako's 美語録　美しい人やものって、とても影響力があるのです

定番のタートルも「黒ではなく紺」で、優しい隙を

着るほどに若返る『ルシアン ペラフィネ』のピンク！

大人の可憐と知性は白にあり。これぞ君島十和子色

ファンデーションの色を一段暗くする勇気を

さて、ここでメイクの話をひとつ。「なんだか最近、顔が大きくなってきたかも」そんなふうに感じたことはありませんか。それはきっとファンデーションの色のせいです。私も40代でファンデーションの色選びがガラリと大きく変わりました。それまでは「いかに地肌とぴったりの色を選ぶか」「首と顔の境目がどれだけ自然でいられるか」それがファンデーションの色選びの鉄則だと思っていました。

けれど40歳を越えた肌（くすんで黄みを帯び、血流不足で赤みが減少する）に必要な色は「ぴったり」な色ではありません。ジャストな色がのった肌は色素をもれなく拾ってしまい、つるりと平坦で無機質な肌になり、ファンデーションを塗った部分だけでなく生え際や首に近いアゴまでが、全て「顔」に見えてしまいます。たるみで曖昧になっているフェイスラインはさらに下垂して見え、立体感が失われるのは必然。

私はファンデーションは敢えて一段落とした（暗い、濃い）色を使うようにしています。以前はオークル系でもイエローベースのものをつけていましたが、今は赤みを適度に含んだオークル系です。アラフィフの肌の血色を補うには黄みではなく赤みが必要なのです。

ご主人が選んだ『シャネル』のカラフルなストール。どんな色の服にも変幻自在に対応可能

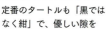

さらりと着こなすチェックのシャツは上の娘さんと共有。「娘たちにとっては無難で平凡な色が、私には〝効く色〟になることが多々あります。もちろん危険な色も（笑）」

1日中デスクワークの日は鮮やかな色のパーカーで

明度を一段下げたファンデーションで「顔」をつくり、明るく見せたい所、高く見せたい所、ふっくら見せたい所（下まぶた、眉弓筋、こめかみなど）にパーリーな白やピンクベージュのハイライトをのせ、ピンク系のチークで透明感と血色をつくりだす。これが50歳を迎えた私に必要な「顔の色」。

メイクにせよ、洋服にせよ、好きな色やなじむ色がキレイに見せてくれるわけではありません。必要なのは「効く色」です。かつてはあんなに使い勝手のよかったアイシャドウパレットも気がつけば使っているのはブラウンかベージュの一色だけ……なんてことになってはいないでしょうか。色素が沈着したり、くすみが出たりしているアイホールに茶系のグラデーションを入れてしまえば、寂しげな影や暗さを増すだけです。

大人のアイシャドウの役目は陰影をつくることではなく、まぶたを明るく見せることにあります。白やピンクはもちろん、「使えないよね、こんな色は」という明度の高いクリアな色や「肌から浮いてしまうかも」という派手で鮮やかな色をほんの少しだけ使ってみる。グリーンやオレンジなど敬遠しがちな派手な色のほうが、肌も輪郭もキレイに見えるという年齢肌の不思議も感じられるはず。

私もちょっと前までは「ありえない」と思っていたオレンジ色のアイシャドウやコーラルピンクやマゼンタ系の口紅が、今やポーチにコロコロと入っていて、見るたび「派手だわ……」と、ドキリとしますが、間違いなく「効く色」たちです。手鏡で見ていると「やり過ぎ？」と感じても、全身が映る鏡でチェックしてみてください。きっとそれくらいで丁度いいはず。曖昧なニュアンスを含む色は、曖昧なフェイスラインや肌に飲み込まれ、その人の個性も美しさも、たたずまいすら、ただぼんやりとさせてしまうだけ……。

エイジングが進んだ私たちの肌や体に必要なのは、アンクリアではなくコントラストです。

Towako's 美語録

メイクの本質、醍醐味は自分を彩ること。美しい人やものを前にすると自分自身も自然と磨かれ、施すメイクに良い刺激を与えてくれます

「群生する可憐な花より、単体であでやかに咲くバラ、カーネーション、百合が好きです」。これが潔く生きると決めた人の心意気。色とりどりの花に囲まれても、負けず、なじまず、溶け込まない十和子さんの“色香”に花も見惚れる。君島家がそのアレンジのセンスと花材のクオリティに信頼を寄せている千駄ヶ谷の花屋さん『レ ミルフォイユ』にて

レ ミルフォイユ（千駄ヶ谷店）
東京都渋谷区千駄ヶ谷 3-52-3
営業時間　平日・土曜日　11 時～ 20 時　日曜・祝日　11 時～ 18 時
https://www.liberte-f.co.jp/shop.html
電話 03-5775-3874

“なじまない、溶け込まない人” がキレイ

私の50歳からのテーマカラーは赤・青・緑（はからずも光の三原色になりました）。ピンク同様、年齢とともに味も品も奥深さも出るのが赤でしょう。そして着こなすには艶と迫力とエレガンスというパワーが必須の覚悟の色。赤の旬はきっと50代後半から60代。バレンティノレッドのような真紅のドレスが似合う日が、私にだっていずれくるはず……と、今から心待ちにしている憧れの色です。

緑は一般的に「顔色が悪く見える」といわれる難しい色ですが（あくまでも一般的に、です）、それに臆して手を出さないのはもったいない色です。最近、メイクの色使いを変えることで、服も顔も互いに映えるということがわかってきたところ。まだまだ研究中ですが、緑はエイジングに「効く色」になるはずです。まずはグリーンのタイトめなニット、しかもノースリーブあたりから始めてみようと思っています。

そして青。私にとって青は海の色です。航空会社のキャンペーンガールのお仕事で行った沖縄の竹富島の海と青の気配が今もずーっと体のどこかに残っています。「空の色次第でクルクルと変わる海の青を何色と呼べばいいのだろう……」と思っていたことや「青だけはどんな青も唯一無二なんだ」と悟ったこと。私にとって青はどこか哲学的です（笑）。主人が着るブルーと白のチェックのシャツが大好きなのですが、主人のことが好きなのか、はたまた青が好きなのか……うーん、どっちだろう、とか（笑）。これからは私のシャツもブルーが増えていくはずです。そして気になって仕方がないロイヤルブルーもいずれ、さらりと纏えるような青の達人になりたい。

「化粧品のラベルに書かれた小さい字は見えにくくなってきました。見栄も意地もないので（笑）必要なときは、ちゃんとかけます」。（写真左）ピンクのメガネは去年購入した『ダブルアイス』のリーディンググラス。（写真右上から全て近視用）赤の『シャネル』のスクウェアフレーム、白のトム フォードのウェリントンフレーム、肌色のフォックス系フレーム、『シャネル』のクリアフレーム

カラフル！

十和子's メガネ Collection

ご主人から誕生日プレゼントに贈られたカルティエの時計。「季節や気分によって何度もベルトを換えて、何年も使ってきました。今年は50歳を記念して（笑）ピンクの革ベルトにチェンジ」。自分らしさをプラスして、ハイブランドの名品を丁寧に長く愛用する

目指すは「浮く女性」です。キレイな人は、なじまない、溶け込まない「色」を放つ人。多彩な色に囲まれた人生なのに、黒と茶とベージュで過ごすなんてもったいない。「無難に」「目立たず」「みんな一緒の色」でいいなんてみすみす老け込んでいくようなものです。50歳、もう若くはありません。しかし色を見分け、色を味方にし、色の恩恵を受け取れる知恵があるはず。色によるアンチエイジングの効果は未知数です。

臆せず色を試しませんか？

編集部から

生き様や生活を語るのに〝衣装〟は必要ない──そのため本書に登場する十和子さんが着ているものは全て私服です。意外に思う服や色もあるかもしれませんが、ぜひその意外性を楽しみながら読んでいただければ嬉しいです。

Towako's 美語録　**メイクは年齢に合わせてアップデートしていくもの。ひとめ惚れも永遠もメイクにおいてはNGなのです**

For RELAXING

私が機嫌よく過ごすためにしていること

不機嫌や悩みごとは老化のスピードを加速させます

不機嫌は自分も周りも不幸にする。「だからご機嫌をとるべきは他人ではなく自分です」。十和子さんが実践するストレスの手放し方と一息のつき方を伝授

アンチエイジング最大の敵はネガティブな感情にあり

「美しく年齢を重ねるために必要なことは?」私が若い頃から持ち続けている人生のテーマのひとつです。美容家として、多方面から「老化」にアプローチしてきましたが、一番効果のあるアンチエイジング法は? と聞かれたなら、「自分をいじめる時間は持たないこと」、「持ってしまったのなら早く手放すこと」と、お答えします。

自分をいじめる時間とは、「思い悩む」時間のこと。「今さら、そんな精神論……」と、思われるかもしれませんが、精神的なストレスは老化のスピードを確実に加速させてしまいます。実際、ネガティブな感情が細胞にダメージを与え、いじめられた細胞は活性化できず、自らの持つ寿命を縮めてしまうそうです。ストレスを抱えているだけで、細胞が枯れ、老化が進んでしまうなんて、食事やスキンケアなど、アンチエイジングのために、日々努力していることが無駄になってしまう! と大いに焦りました。

私は元来のんきな性格で、人生で起こる様々なトラブルをポジティブに受け取るタイプの人間です。それでも仕事をし、家庭を持ち、二人の娘を育て50年も生きていれば、人並みに悩みも苦労もあります。

「とりあえずお風呂！」で汗とストレスを流す

落ち込むことも、嘆くことも、声をあげて泣きたくなることもあります。そんな時、「今日は飲んでしまおう！」なんて、気の合う友人とお酒でも飲めればいいのですが、残念ながら私は体質的にお酒が飲めません。飲んで酔って、ストレスを忘れたり、解放したりすることができないのです。

お酒の飲めない私の一番のストレス解消方法は、お風呂に入ること。それも熱い熱いお風呂です。嫌なことがあった日は「とりあえずビール！」みたいに「とりあえずお風呂！」そんな感じで。普段の入浴は、39～40度のお湯につかる半身浴ですが、ストレスを手放すための入浴は、やや過激で「癒し」というより「忍耐」。体育会系の部活に近い雰囲気です（笑）。

まずお湯の温度は42度ぐらい（あくまで目安です）。熱いお湯に肩まですっぽりとつかり、汗が出るのを待ちます（発汗までの時間も5～10分……体調とお湯の温度によります）。汗が出てきたら、半身浴へ。

ポイントは「目に見えるほどの大量の汗」をかくこと。

汗を目視することで、「内側に溜まっていた〝ネガティブなもの〟が体から抜けていく」と実感するのです。顔や腕に汗が噴き出してくると、なんだか嬉しくなり「まだまだいけるわ！」と、時間超過でついつい頑張ってしまう私は真面目なのか欲張りなのか……ちなみに血液型はA型です。浴槽につかっている間は、重苦しいものを抱えた自分をグツグツと煮出す……そんなイメージ。さながら十和子煮（笑）。存分に汗をかき、のぼせる3歩手前くらいの状態で浴槽から上がったら、冷水のシャワーを膝から下の脚と腕、顔にさっとかけ、拡張した血管を引き締め、終了です。

入浴後は水素水を飲んで必ず水分を補給。大量の汗をかいた体に、キュウッと一杯（お風呂上がりのビールってこんな感じ？　と毎回思いつつ……）。

あとは「もうこれでおしまい！」と、抱えていたストレスとは声を出して訣別し、リセット完了。熱いお風呂は、私なりの〝精神の毒だし法〟なのです。

Towako's 美語録　**笑う、感動する……心を動かしましょう。動かさないと萎えるのは体だけではありません。心だって萎えてしまいます**

自分の体に訪れたリアルを見て、触れて、慈しむ

そんなレスキュー的な入浴の一方で、休日の朝やお昼は、ぬるめのお湯にゆっくりつかり、ボディケアを施すために浴室で2時間以上過ごします。これは女性としての自分に向き合う入浴時間。スクラブで踵や肘や膝を磨き、手足のムダ毛を丁寧に処理し、ダブルシャンプーした髪は蒸しタオルで包み、とっておきのトリートメント剤を浸透させる。お金を出せば人任せにすることもできますが、私はあえて自分の手で自分の体をケアする時間をつくっています。

朝の辛辣な光の中で、自分の肌や筋肉がどれくらい薄くなってしまったのか、背中やお腹にうっすらとついた贅肉は限度を越えてはいないか……それは精査と自戒の時間。「老化」という現実から目をそらすことなく、ありのままの姿を見て、自分の手で触れれば、今、何をすべきかがわかります。また同時に、衰えていく自分の肉体をいとおしく思う気持ちも生まれます。桃井かおりさんが「ちょっと垂れてきたくらいの胸が、シンプルなドレスを着るには品がいい」そんなようなことをどこかで書いてらしたのですが、「しみじみ同感です」と。若い肉感的なボディでは行き過ぎてしまうお色気も、年齢を重ねた肉体ならばこそ官能という粋な色気になる。そんな婀娜《あだ》なオシャレもあるんです。

休日の朝、お風呂から上がって鏡を見るとき、「やっぱり、今の自分の顔と体が一番好きだわ」と、自惚れでも負け惜しみでもなく、そう思います。私にとってバスタイムは「自分いじめ」をやめ、「自分の体をいとおしく思い、扱う」絶対に欠かせない場所と時間です。

もうひとつ、私をご機嫌にしてくれるのが紅茶の時間です。日に2度、3度、紅茶をいただきますが、まずは朝起きてキッチンに立ち、娘のお弁当のおかずや朝食の献立を考えながら飲む、戦闘開始の一杯。ティーバッグをポンとマグカップに入れて、立ったままゴクリ。紅茶をいただく作法からは程遠いものだと重々承知していますが、私には欠かすことのできない朝のルーティンです。

Towako's 美語録　ボディは魂の容れ物。愛し、労わってあげましょう

ざわつく気持ちと場を整える「まあ、お茶でも」の効用

娘を学校に送り出し、お皿を洗い、掃除機をかけ、洗濯物を干し、一段落すると「さて、お茶でもいただこう」と、再び紅茶を淹れます。このときの紅茶は「まあまあ、お茶でも飲んで」の、一杯。ひと息ついて、ざわつく気持ちや場の空気を整えるためのお茶と言えるかもしれません。

二度目のお茶は、茶葉からじっくり淹れます。透明な丸いティーポットの中でジャンプする茶葉をじーっと見ながら、焦らず騒がず、一番おいしくなる時を見極める。「ゆっくり丁寧に淹れたお茶はおいしい。せっかちに雑に淹れたお茶はおいしくない」という、拍子抜けするほど当たり前の事実は、長い紅茶愛飲歴（かれこれ30年以上）の中で、たくさんの失敗を繰り返してわかったことです。

これって、お茶に限らず、全てのことに対して言えることかもしれません。仕事も家庭も恋愛も人間関係も、どんなことも雑にやるより、丁寧に取り組んだほうがうんと成功率が高まるはず。でもその「ゆっくり」「丁寧」が、もどかしくて難しい。年上の知人女性が「老い先短いって、どこかで思ってるのかしらね。年をとるとどんどんせっかちになる」と、おっしゃっていたのを思い出し、のんびり屋の私も、じわりじわりと実感中……。

10年前と比べると歩く速さも、しゃべる速さも、生活するスピード全てが速くなっている気がします。そして私を含む女性が、仕事や家事や子育て、介護、様々な人間関係やお付き合いに追われ、とても忙しくなっています。何をするにもスピーディーにならざるを得ないことは間違いないでしょう。気がつくとざわざわと慌てている。なんだか妙に忙しいわ、と。

私にとってそういう流れを1回断ち切って、ひと息つかせてくれるのが紅茶の時間。ほんの10分程度のことですが、紅茶を飲み終える頃には、なんとなく頭の中も気持ちも整い、今日1日が楽しく、なんだかうまく過ごせる気がしてきます。機嫌をとるべきは他人様ではなく自分、と肝に銘じて、今日も明日も紅茶をいただきます。

編集部から

家政婦さんのような存在がいない君島家。いつも十和子さんや誉幸さんが淹れてくれるお茶を飲みながら取材はスタート。そのお茶がとにかくおいしいのです。

どんな時もお茶は丁寧に淹れる君島夫妻。誉幸さんは毎回バニラフレーバーのコーヒーを、十和子さんは緑茶や中国茶を淹れてくれます

（写真上３つ）気候、時間に合わせてお茶を選択（写真左）茶シブとは無縁の真っ白なカップと超アメリカンなコーヒーを淹れている十和子さん

惜しまず自分のためにふんだんに
ふるまえるものばかり！

ご機嫌グッズです

ティータイムとバスタイム、このふたつがご機嫌でいる鍵。そのお供をご紹介します

君島家のスタンダードティー。自然の香りと旨みに富む。(写真左) ムレスナティー CUBE BOX (2.5g × 11袋　各¥690。(写真下) ムレスナティー茶葉 (150g ¥1,950～)／(株)MLESNA TEA JAPAN

(写真上) 台湾で見つけた絶品の烏龍茶は残念ながら日本未入荷

(写真左) お湯が上下に対流しやすい丸型のティーポットを使用。見た目もぽってりと愛らしい。「茶葉のジャンピングを見守るようにしています」

休日のお昼や特別な日に登場するハンガリーの名品『ヘレンド』のティーカップ＆ソーサー。アポニーグリーンは十和子さんのお気に入り

筋金入りの紅茶党だったが最近飲み始めたハワイ・コナのコーヒー。「超アメリカンですが(笑)」

「一見、窮屈に思える形式やマナーが洗練された風味を生むということを『紅茶の教科書（磯淵猛著）』から学びました」

十和子煮の後はつくりたての水素水を「キュウッと一杯」

〝十和子煮〟には……

入浴剤はその日の気分と体調で使い分ける。「分包だと毎日違った入浴剤を使える楽しみがあります。出張のときも持参します」。ドラッグストアやバラエティショップで手軽に購入できるものばかり

直接電解方式により、短時間（5分～）で高濃度の水素水をつくり出す。水素水生成器　H30 カップ　¥32,000／ナチュレ

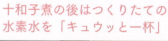

HAIR CARE

一、髪 二、肌 三、器量……
美髪は容姿も肌もカバーする
十和子流美髪ケア

「肌以上に手をかけるべきは髪です」。50歳、昔と変わらぬ美しいロングヘアは高い意識と日々の地道なケアのたまもの

あなたの髪は実際の年齢より年をとっていませんか？　髪のエイジングが女性の印象や容姿に与える影響は思いのほか大きいもの。だから今、取り組むべきは、本気の髪のケア

髪が表す「年齢」だけは、ごかましがきかない。髪が健やかな人はそれだけで若い

ひとつ年をとるたびに、頭皮ケアにかける時間を増やす

頭髪は360度、周囲にさらされ、ツヤ、コシ、ボリューム……と、素材のポテンシャルが、あらわになるシビアな場所。毛のうねりやパサつき、分け目や生え際部分の薄毛など、人目には「老け」をダイレクトに感じさせてしまうパーツなのに、なぜかなかなか自覚しにくい（したくない？）ところでもあります。かくいう私も「髪の変化」をひしひしと感じている女性の一人です。

例えば40代後半頃から出始めた前髪の生え際の強いクセ。これはあきらかな髪の老化のサインだと受け止めています。頭皮が下がったことで、毛穴が変形し、生えてくる髪がある一定方向に偏ってしまう。それが生え癖といわれるものです。

となると、エイジングが始まった髪にとって真っ先にケアするべきは「頭皮」。下がって硬くなった頭皮を柔らかくすることです。マッサージは頭皮の血流を促すことになり、毛髪の質に直接的な影響を与えます。自己流ですが、頭皮マッサージを本格的に始めたのも40代後半から。それ以前もマッサージらしきことはしていましたが、今思えばやみくもに地肌をこすっていただけだった……と反省しきりです。髪のために必要なマッサージは「地肌をこする」ことではなく「頭皮を動かす」ことでした。

私は、顔は一切マッサージしないかわりに、その労力と時間はすべて頭皮へ注いでいます。なぜなら「美肌は髪をフォローしてくれないが、美髪は肌をフォローしてくれる」という頭髪優位の補完関係があるから。

髪が増え、髪の質が変わると女性としての大きな自信が戻ってきます。

カラーリングのため1カ月半〜2カ月に一度、美容院へ。「まだ白髪はないので、明るいブラウン系のカラーリングを楽しんでいます。カットは半年に1回！」

Towako's 美語録

思いって大きい。漫然とやっていては、お手入れの効果だって出にくい。「キレイになるんだ」というその思いこそが日々のケアに欠かせないのです

50代からの「美人」は、髪が放つ「オーラ美人」

40代、50代は「美人」の定義が変わる年頃だと気づきました。目鼻立ちの整った華やかな顔、黄金比率のフェイスレイアウト、シミやシワひとつないパーフェクトな美肌……そんな、ザ・美人を楽々と超えていってしまうのが、雰囲気美人だと思うのです。雰囲気や印象を端的に語るのは難しいのですが、「素敵な人だった!」と、印象に残る人の共通点は、生き生きとした空気を纏っている人。雰囲気美人です。髪はその大事な「雰囲気」(もしくはオーラといっていいものかも)をつくり、放つものだと思うのです。そして年齢はもちろん、女性としてのタイプ、セクシャリティ、ライフスタイル、

ハーフアップ

誰もが憧れる十和子ヘアの代名詞。サイドにおろした前髪は小顔効果を生むほか「リフトアップ効果も期待できます」。理と美にかなった定番スタイル

編み込み

編み込みスタイルはきっちりと編み過ぎると、印象が硬くなりがち。トップやサイドはスプレー剤で固めず、ナチュラルなままにするのが十和子流

ポニーテール

「ふんわりポニーテールが私らしくて一番好き」。ひっつめ過ぎは厳禁、トップとサイドは空気を含んだゆるいニュアンスで

ゴージャス巻き

これぞロングヘアの醍醐味といえるスタイル。前髪を大きく立ち上げ、太いロッドのホットカーラーを使う。カーラーを外したら、手ぐしで自然な流れをつくる

果ては力量まで雄弁に語ってしまうもの。だから、もっともっと髪に愛情をかけなくてはいけないと思うようになりました。

　最近、欧米のオシャレなマダムたちが表紙を飾る本が数多く出版されていますが、その若さと美しさには圧倒されます。それは彼女たちの放つエネルギーや個性の豊かさでしょう。そのエネルギーこそが、「雰囲気」であり、「髪」です。日本でもゴージャスでエレガントな白髪の女性が増えてきました。島田順子さんや草笛光子さんの豊かな白髪のなんと魅力的なこと。ティーンエイジャーがアイドルや女優さんに憧れ、その髪型を勇んで真似るように、50代になった私も、もう一度、目指す髪型に憧れることから始めようと思うのです。何歳になってもあきらめずに毎日、丁寧に髪をケアし、何歳になってもなりたい自分の姿をイメージすることをやめません。

シニヨン

髪の柔らかさを感じさせるアップヘア。吊るところはしっかり吊り、毛先はふんわりした丸さにまとめるのがポイント

Towako's 美語録　**髪は顔の一部です。だから輝く美髪をつくるのです**

十和子流 美髪ブラッシング

徹底解説！

コツは「頭皮を持ち上げるようにブラシを入れて、生え際から毛先へゆっくり動かすこと」。頭皮の健康は、美髪を育む第一条件！

1

髪と髪の間に空気を入れるようにブラシを通す。「絡んだ髪があるとブラッシングでダメージを与えてしまうので優しく」

2

耳の上の生え際から後頭部中央にかけて、ゆっくり10回繰り返す。（以後各パーツ10回ずつ）

3

こめかみの斜め上あたりを。フェイスラインを引き上げるようにゆっくりと

4

頭頂部は頭皮が最も硬くなりやすい部分。毛量が減りやすい箇所なので強めにかつ丁寧に

POINT
ブラシを深めに入れ頭皮を揺らすように

5

逆サイドの斜め部分。生え際を意識して、地肌からブラシが離れないように

愛用のヘアブラシは…

頭皮の血流を促すためのマッサージには毛髪への刺激が少ないスカルプケア専用のブラシがオススメ。「マッサージ用だけでも４本。頭皮のコンディションや気分に合わせて、使い分けています」よい〝道具〟を使うことも美髪への近道

「髪を傷つけることなく地肌ケアできるブラシです」。ナイロン素材のループ状のブラシが頭皮を刺激し血行を促進。ACCA　KAPPA　プロテクションスカルプ 946　¥4,800／ACCA　KAPPA

「適度な硬度が私好み。一番よく使うブラシです」。頭皮環境改善を目的につくられたスカルプケアブラシ。ドクターズスカルプヘアケアブラシ（ブラック）¥7,000／貝印

一番手前は豚毛とナイロン毛をミックスしたラ・カスタ　ヘッドスパブラシ　¥3,000／アルペンローゼ「白い小ぶりのブラシは携帯用。どれもみんな地肌専用のブラシです」

6

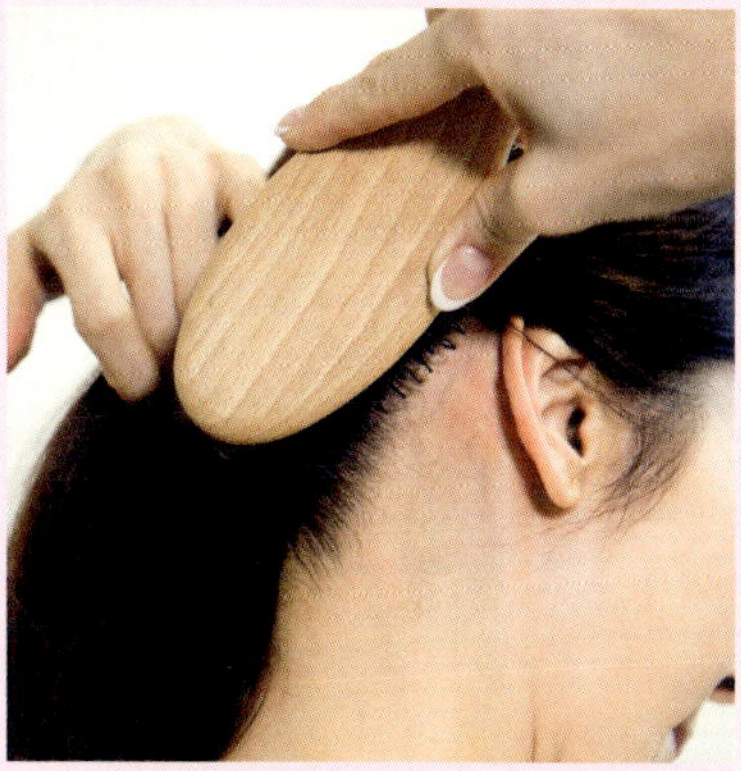

耳の後ろから後頭部へ向かって。毛の流れに逆らうブラッシングで毛根にも刺激を与える

7

うなじの中央から真上に向かって。ブラシが浮かないように地肌にしっかり深く当てる

8

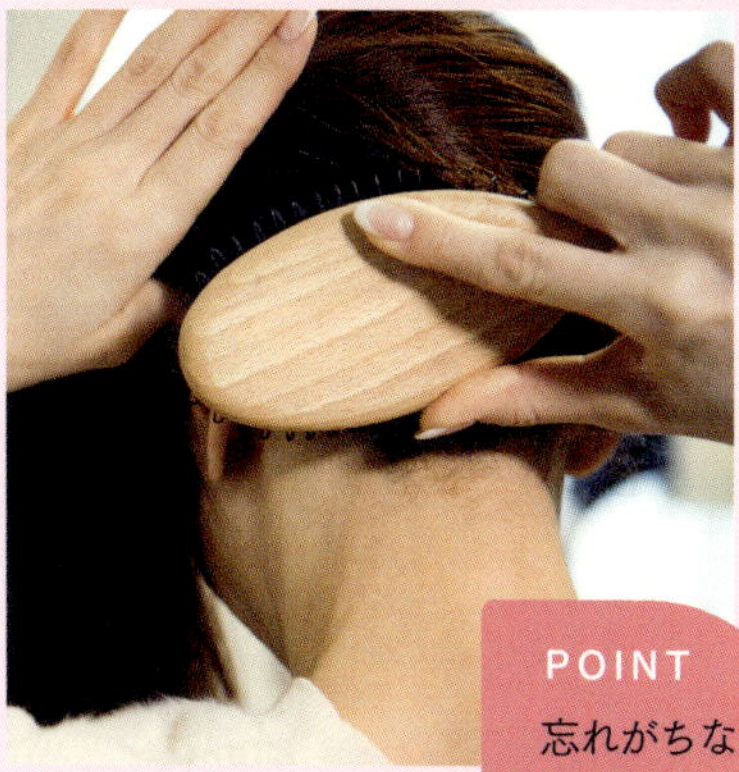

頭部や頚部はツボが集中している血流の重要ゾーン。ブラシや指でしっかりマッサージ

POINT
忘れがちな後頭部もしっかりケア

9

〈シャンプー前に〉抜け毛や毛髪についた汚れを取るために、軽く髪全体をブラッシング

「敢えて硬さの違うブラシを両手に持って洗います。時短にもなるので（笑）」。［右］MOH-27シャンプーマッサージブラシ ¥800／モッズ・ヘア ［左］メリット シャンプーブラシ ¥698（編集部調べ）／花王

1 便利アイテムは どんどん活用！ 時短にもつながり一石二鳥

合理性と工夫
アイテムをご紹介

ノから高品質なアイテムまで、
れる。十和子流、美髪の習慣

「最近は家族のシビアな目で髪をチェックされることもあるので、鏡を見るたび、肌以上に髪をチェックします」

2 ドライヤーで 7割まで乾かし、 3割は自然乾燥で

「シャンプー後の濡れた髪はドライヤーで7割ほど乾かしたら終了。特に毛先は乾燥しているのであえて温風はあてません」。プラズマクラスタードライヤー／シャープ

頭皮は顔の延長。高品質なヘアケア剤で手厚くケア

スカルプケアしながら、しっとりとまとまりのある髪に洗いあげるノンシリコンシャンプー。「抜群の泡立ちと泡切れ、ドライ後のツヤとハリに自信ありです」。FTC セレブ ヘアシャンプー RB 500㎖ ¥4,500、セレブ トリートメント RB 500㎖ ¥4,800／FTC

毛髪にも使えるボディ用日焼け止めスプレー。グレープフルーツの香りも爽やか。ＦＴＣ UVパーフェクトボディスプレー SPF50+ PA++++ 70g ¥2,000／FTC

「全身どこにでも使えるスクワラン系の万能オイル。乾燥が気になるときは、顔はもちろん爪や毛先にも直接塗り込んでいます」。FTC スパラメラオイル RB（ローザエビアンコの香り）30㎖ ¥3,800／FTC

美に大切なのは

十和子髪を育む

手頃な価格で使い勝手のいいモ
〝効く〟モノは合理的に取り入

髪だってUVケアが必要です

日差しの強い夏は、軽くて通気性がよく、長時間被っていても快適な『ボルサリーノ』のストローハットで髪も顔も徹底ガード！

シャンプーのときはぬるま湯で。最後は冷水で引き締める

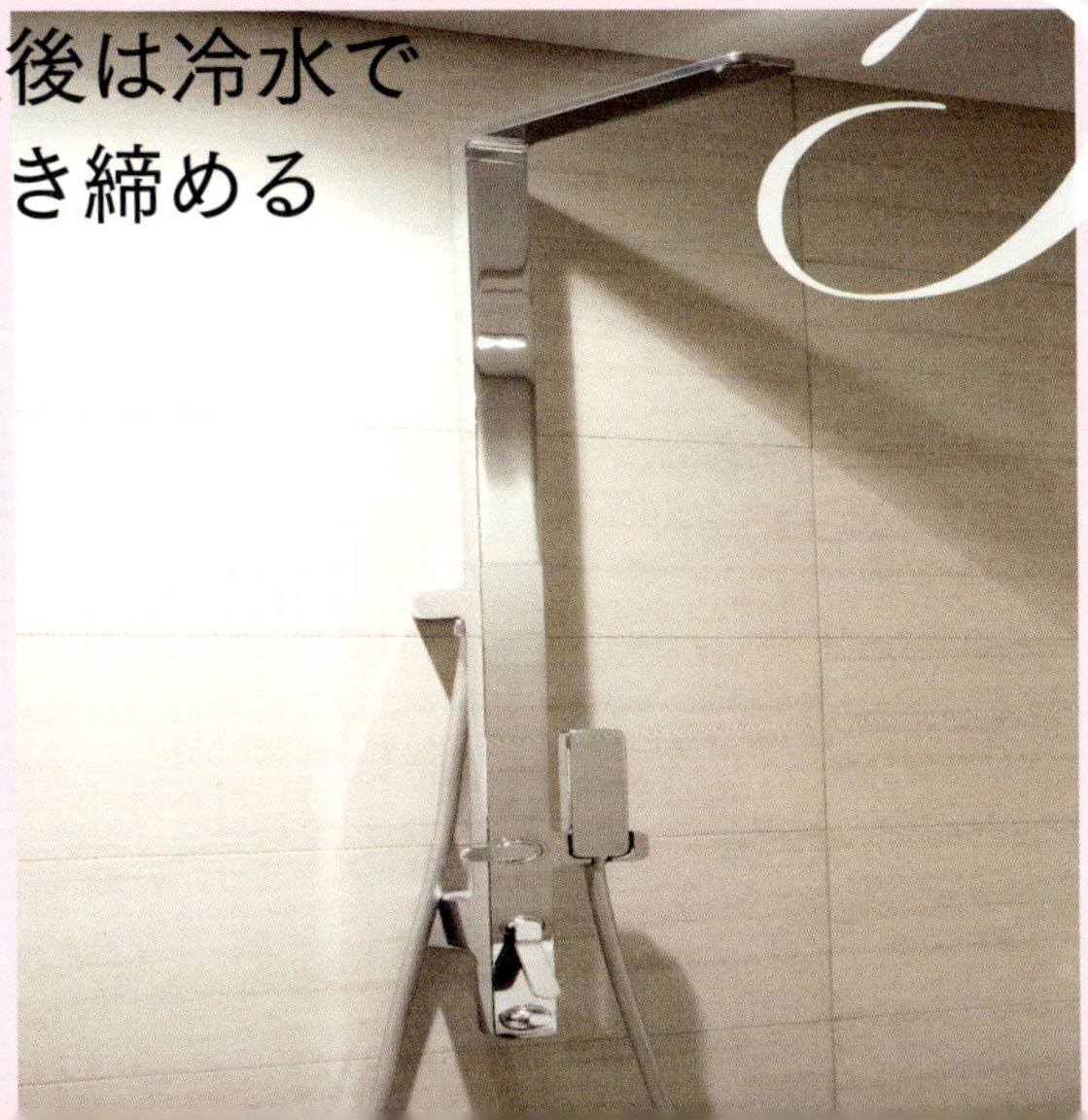

シャンプーやトリートメントのすすぎはぬるま湯（37℃）で。最後は冷水（18℃）をかけてキューティクルを引き締める

SKIN CARE

年齢肌にセルフマッサージや美顔器は不要です

肌のエイジングにストップをかけるのは手のひらによる日々のケア。でもこすらない、押さない、叩かないが大事。「シワはこすっても取れません」

「肌のために絶対にやらない」と決めていることが三つあります。

一つ目は紫外線にあたること。二つ目は食事制限によるダイエット。そして三つ目が顔のセルフマッサージです。

顔のマッサージに関しては賛否両論あり、推奨派と慎重派に分かれるところですが、私はマッサージどころか、できるだけ顔には触れないように心がけているほどのアンタッチャブル派です。

40代に入って間もなく、それまで黙々とやっていたセルフマッサージをピタリとやめました。皮膚（表皮）の厚さはわずか0.2〜0.4㎜ほど。そんなセンシティブな肌を、素人の私たちが「たぶんこんな感じ」でマッサージするのはいかがなものか、と。水分も油脂も失なわれ始めた年齢肌にダメージを与えるのは火を見るより明らかです。私たちの肌にマッサージは本当に必要でしょうか？

“私なんか……と心がキレイをあきらめれば、あなたの肌もあきらめてしまいます”

肌は「点」ではなく、「面」でケアすること

セルフマッサージのほとんどは過度な摩擦になっています。羽根を滑らせるような、ごくごく弱い力のマッサージで十分なのですが、それではやった感がなく、無意識のうちにエスカレートしていってしまうもの。「私はそんなに力を込めていません」という方もいらっしゃるでしょうが、皮膚の表面が動くようなマッサージでは、すでに強すぎるのです。

ほうれい線は誰だって気になる悩ましいシワですが、そこをやみくもに擦れば、肌の弾力繊維が痩せ、必然、口角が下がり、今度はマリオネットライン（唇の両脇からアゴに伸びる縦ジワ）が目立ってきます。目の周囲の皮膚はさらに薄いので「目の下のたるみが気になるわ」と、グルグルとマッサージをすれば、少ない脂肪がさらに減り、眼窩自体が落ちくぼんでしまいます。

触れば触るほど、大事な「適度な脂肪」が落ち、顔全体がたるみ、筋肉が痩せていく……。シワやシミも加齢の憂鬱なシンボルに違いありませんが、「老け感」はそこではなく、こける、しぼむ、落ちくぼむ……そんな「陰影」を感じさせるところに出てしまうものでしょう。ですので、私はフェイシャルマッサージはプロの方にお任せし（月に1回行くか行かないかくらいですが）、自分では極力肌に触れないようにしています。

とはいえ、毎日のスキンケアでお肌に触れないわけにはいきません。その際に、私が心がけていることは「点」ではなく「面」でケアするということ。クレンジングでも美容液でもクリームでも、「指先」という「点」ではなく、「手のひら」という「面」を使って顔に触れています。

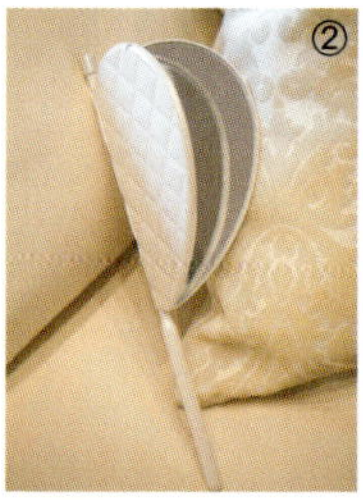

愛用の鏡は3種類

(写真①)倍率10倍＆照明付きのミラー。目尻や毛穴などのスルーしがちな細部もしっかりチェック(写真②)ハート型の折りたたみミラーは超軽量。片手で持て、開閉角度によって、横顔のチェックが簡単にできる(FTCのオリジナル商品。現在は販売していません)(写真③)大きな鏡は実物大に近い状態で映る。「人様から見た自分がわかります」。美容家の故・田中宥久子氏からの贈呈品

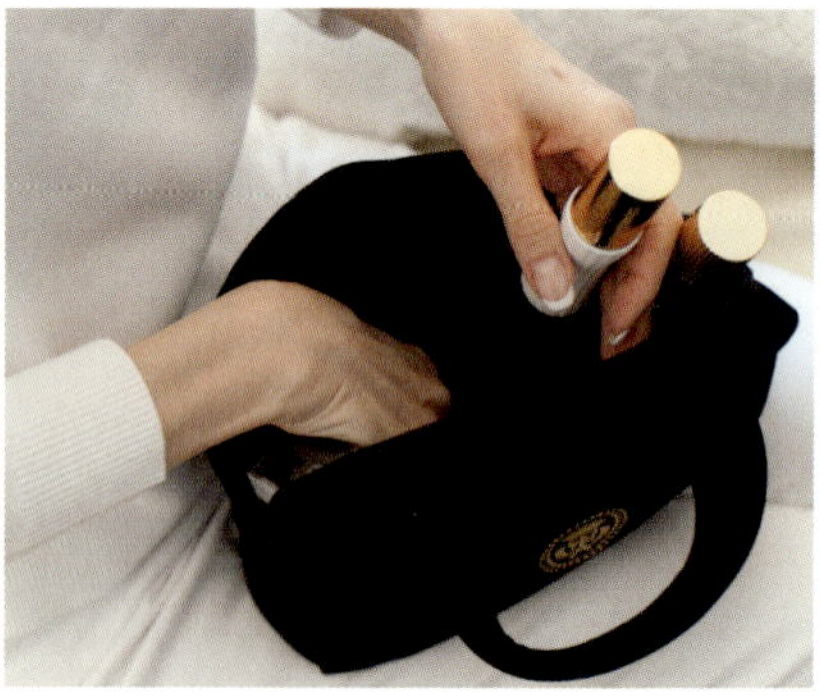

「その日に使うメイク用品を入れて、洗面所やダイニング……好きな場所でメイクするんです」。FTCのノベルティの黒いポーチは十和子さんの動く小さなドレッサー

愛情に必ず応えるのが50歳からの肌です

美容液やクリームは最初に指でおでこや両頬にチョコンとのせていきますが、指の腹を使って伸ばした後、最後になじませるのはやはり手のひらです。皮膚が動くような力は加えません。化粧水は、「角質層に留まって!」とか「真皮に届いて!」と念じながら(笑)、手のひらのくぼみを使い、フワリフワリと肌にのせています。FTCで、洗顔時に理想的な状態の泡が出てくる洗顔フォームや肌に触れることなく成分がゆきわたるミスト状の化粧液をつくったのも、そんな不要な刺激を少しでも避けるためでした。

世話も手間もかかるセンシティブな50代の肌。「今さら頑張っても無駄」と、キレイになることをあきらめてしまう方もいます。でも、まだまだ育つ「キレイ」の可

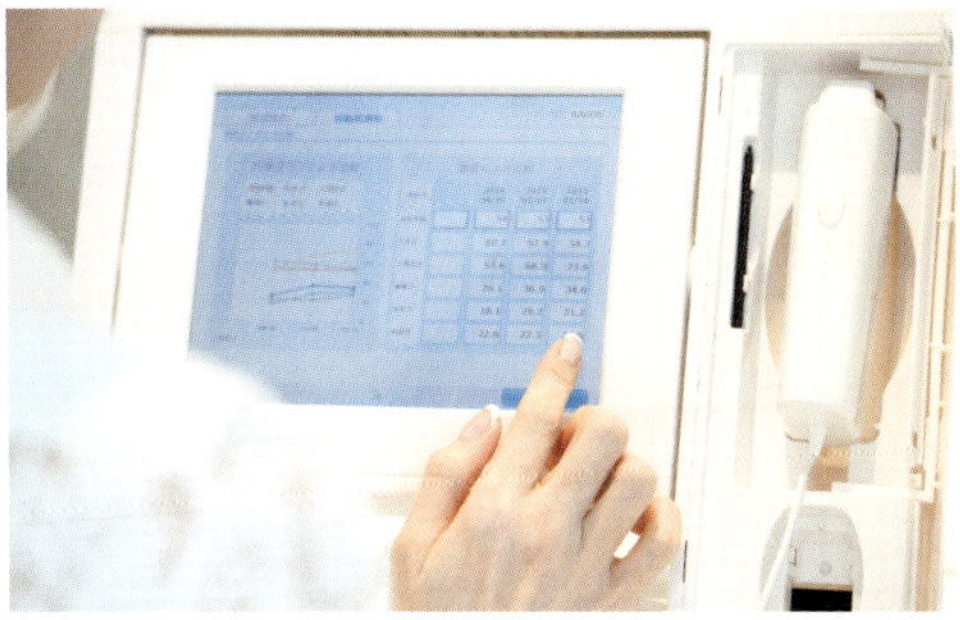

FTC AOYAMA
東京都港区北青山3-5-19
営業時間　11時～19時半　（第1、第3月曜定休）
http://www.felice-towako.co.jp/
電話 03-3405-7888

『FTC AOYAMA』の店内に設置されている肌診断マシーン。肌の明度、弾力、水分量、油分量、肌年齢が数秒で計測できる。「肌の実力がひと目でわかります。施したお手入れが的確に数値に反映されるので、励みにもなるし、対策もたてられます」※製品の購入に関係なく、このマシーンはお試し可

能性を、「どうせ私なんか……」とスネて手放していくには早すぎます。確かにどんなに努力したところで、50代の肌は10代や20代の肌には戻れません。けれど、逃げずに向き合い、丁寧にケアすれば、ツヤ感やうるおい、ハリなど、肌は愛情を与えたら与えただけの応えを返してくれます。

私と10代の娘が丹念にスキンケアをしても、翌朝、「すごい！ツルツルになってる」と実感できるのは、たぶん私の肌です。油分も水分も十分に足りている娘たちの若い肌には、感動するほどの手応えはないでしょう（笑）。

ただしケアを一日怠れば、すぐに不調につながるのが40代以降の肌です。手をかければかけるほど豊かに、放置し怠ればすぐさま衰える、よくも悪くも「応え」のいい肌なのです。だからあきらめずに、スネずに、丁寧に、お手入れしなくては！　と思っています。

Towako's 美語録
美しくなることの楽しさを知れば、きっと人生は変わるはず。キレイをあきらめるには、人生は長すぎます

思い立ったら
いつでも押します

十和子ツボ

顔をマッサージしないかわりに、私が積極的に行っているのが、頭皮マッサージ（＋ツボ押し）です。頭皮の血流が悪くなり硬化してくると、頭皮とつながっている顔に「くすみ、たるみ」などの負の影響がダイレクトに出ます。そこで、ちょっとした空き時間を見つけては、頭皮マッサージとツボ押しを行っています。顔においては禁忌な「一生懸命なマッサージ」も頭皮ならその努力が報われます。

抜け毛が減る、髪や肌がツヤめく、ハリが出てくる……努力への報酬は人それぞれですが、確かなもの。自分で手に入れた「キレイ」は格別なものです。だから「隙あらば、グイ！」です。

編集部から

取材していていつも感心するのは、十和子さんは興味を持ったもの、よさそうと思ったことは必ず自身が試してみるということ。それもいい加減にはやらない。丁寧に雑誌の記事や本を読み、書いてある通りにまずやってみる。そして体や肌に起きた変化をつぶさに観察し、「これはよい」のか「私には合わない」のかをジャッジする。「なんとなく」とか「とりあえず」という曖昧な気持ちは入る隙がないのです。今回も取材でいつも実践しているツボ押しを説明してくれましたが、説明だけにとどまらず、本気で押していました。

天柱

後頭部のうなじ近くにあるツボ。自律神経を調整する働きがあり、頭痛や肩こり、眼精疲労にも。もうちょっと耳寄りにあるのが風池というツボ。ここは目の疲れにダイレクトに効く感じがします。デスクワークで同じ姿勢が続いたり、あれこれ考えすぎて頭の中が堂々巡りになった時、親指がツボに沈むように押します

率谷

耳の頂点から３㎝ほど真上にあるツボ。片頭痛に効果大。押すだけではなく、押しながら頭皮を上へ引き上げるとリフトアップの効果が期待できる〝ひとツボで二度おいしいツボ〟。顔の筋肉が疲れて下がってきたり、むくんだりする夕方にはオフィスで必ずひと押し。即効性もあり、ヘアの乱れも気にすることなく手軽にできます

側頭筋

耳の両脇（側頭部）を人差し指と中指で挟みこみ、指に当たる筋肉を押し込むように動かします。側頭筋と呼ばれるここは、ほうれい線の元凶ともなる頬のたるみが関係している筋肉。また老化や健康に多大な影響を与えるといわれている咀嚼筋もあり、しっかりほぐしたいところ。私が最も重要視している箇所です

足三里

膝のお皿から指４本分下、外側にあるくぼんだところ。むこう脛の外側にあるツボです。疲れたな、足が重いなと思うと、なんだか知らず知らずに手が行ってしまう〝疲労退散〟のツボ。イタ気持ちいいくらいの強さでギュッと押します。足の冷えやむくみ、血行不良、胃痛、倦怠感にも効果があるとか

百会

頭のてっぺんにあるツボ（ちょっとへこんだ柔らかい感触のところ）。自律神経を整え、倦怠感や不眠、脳の疲労に効果があるそうです。人差し指や中指でゆっくりじんわり１プッシュに時間をかけて数回押します。百会の周囲は頭皮が硬くなりやすい部分なので、痛みやつっぱり感を感じたら、押すより揉んでみてください

鎖骨

肩がこったり、呼吸が浅いな……と感じた時に、鎖骨の下を内側から外側に向かって押します。ここも気がつくと無意識に押しているツボ。息がつまる、気がつまる……そんな時に思わず手がいく場所のようです。リンパ液が滞留しやすいところなので、デスクワークが続いた時などは鎖骨に沿って押したり揉んだり揺らしたり

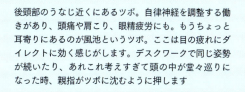

SELF CHECK

〝老け〟は細部に宿ります
自撮り（地撮り）のススメ

他人の目に私はどう映ってる？　と自撮りで自分を俯瞰してみる。自分には見えない「老いのサイン」と「意外な魅力」、どちらも一目瞭然です

写真は嘘つき。だから時には地の私を正直に撮ってみる

昨今はスマートホンの「補整アプリ」という、女心の痒いところに手が届くような修整と、時にイリュージョンに近い（?）加工を施してくれる、なんとも素敵な撮影機能があります。けれど「技術の進歩って罪だわ……」と思うこともしばしば。昔、画像は〝ちょっとよくできたリアル〟でしたが、今は本来の有様を軽々と越えていってしまいます。そして、ピカピカに加工された写真の自分を本当だと思ってしまいたくなる。本人に会ってみたら「写真のほうがいい」なんて、切ないような悲しいような。私たちは「写真は嘘つきで、正直だ」ということを知っておく必要がある世代だと思うのです。話す、笑う、怒る、メールを打つ……。周囲の人はそんな私のふるまいや表情を見ていますが、私には見ることはできません。けれど、「老け」は自分には見えにくく、他人には目につきやすい細部に宿ります。そこで自撮りのススメです。

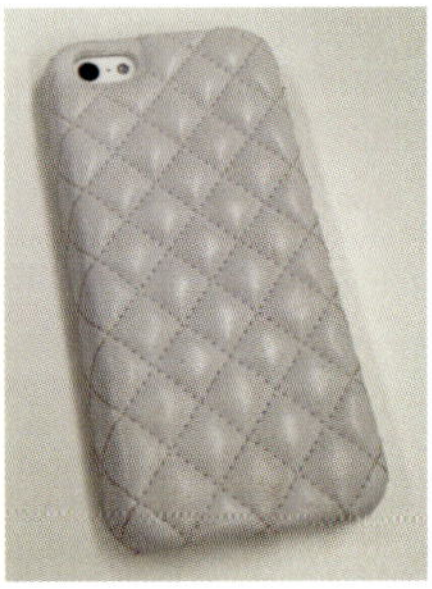

私は、ときどき思いついたようにパチリと自分を撮り、表情や姿勢をチェックしています。後ろ姿は娘に撮影してもらい、「やっぱり出るね、背中に年齢が」なんて、手厳しくジャッジされる日々（涙）。

太ったわけでもないのにぼやけてくる口元から顎にかけてのライン、もっさり感の出る肩や上腕部や肩甲骨周り。逆に痩せたわけでもないのに、やつれたように見えるこめかみや首元から胸元など、フォルムの変化が「老け」を感じさせる原因です。

写真を撮って確認したからといって、ほうれい線がなくなり、ラインが変わるわけではないのですが、その変化を理解することで意識は確実に変わります。意識が変われば「老け」はその歩みを緩めるはず。自分が思うよりもう一つ大きく笑う、背筋をピンと伸ばして歩く、座る、立つ。それだ

けでどれほど若返って見えることか。そんなちょっとした意識が、老けないコツ。

自撮りは、自分では見えない意外な魅力も教えてくれる

他人がその人を「若い」と評価するのは所作や姿勢や表情や醸しだす雰囲気です。どれだけ、「私は若い」と言葉を尽くしても、人はその通りには判断しません。伝わるのは「若く見られたくて必死な人」でしょう。だからときどき、もの言わぬ「写真」を撮って、自分が他人の目にどんな風に映っているか確かめてみてください。自然の光の下、正面だけではなく、左右、上下、真顔も笑顔も後ろ姿も。そこには「老け」というサインだけではなく、自分では見つけられなかった思いがけない「若さ」や「美しさ」も見えてきます。

《追伸》同性のお子さんのいらっしゃる方は、並んで写真を撮ることもオススメしておきます。「新旧DNA対決」、それはもうパンチのある1枚になること必至。本物の若さにきちんと触れておくと、無茶な若づくりは止めようと思うはず。「若さの専売特許」は娘たち世代にあり、私たちが目指すべきは「老けを感じさせない、清潔感のある大人」であることがわかります。

十和子's 自撮り Collection

「撮った写真はチェックしたら消去しますが、これはたまたま携帯に残っていたもの。どれだけ自分好き？　と勘違いされそうで怖いんですが（笑）」

「とは言うものの、〝私が使っても全然おかしくないわよね〞と、娘のバッグを勝手に拝借する不肖の母なのですが。バッグくらいならいいですよね……？」

Towako's 美語録　「キレイになりたい」と「キレイになる」は、全然違います。だから「なりたい」ではなく「なる」と決心してください

第2章 Food

夫婦円満、家族仲良しの秘訣は食にあり

美と幸せを育む君島家の食卓

日頃食べているものが、美や健康に直結していることは、周知の事実。ピカピカの肌と豊かで美しい髪を持ち、仕事や家事を元気にこなす十和子さんが、ふだん家で食べているのは、どんなものでしょうか？

初公開の冷蔵庫の中をはじめ、毎日の食事に欠かせない調味料や食材の数々を見せてもらいました。味噌やヨーグルトなど常備している発酵食品から特別な日のためのお取り寄せまで、その内容はバラエティ豊か。そこには「家は外でイヤなことがあっても、さぁ帰ろうと思える場所であってほしい。それには家族でおいしいねと言い合いながら食べる食事がとても大切」という想いがあるようです。

そう、十和子さんにとって食事とは、美や健康を育むだけではなく、家族仲良しという幸せの礎もつくるものなのです。

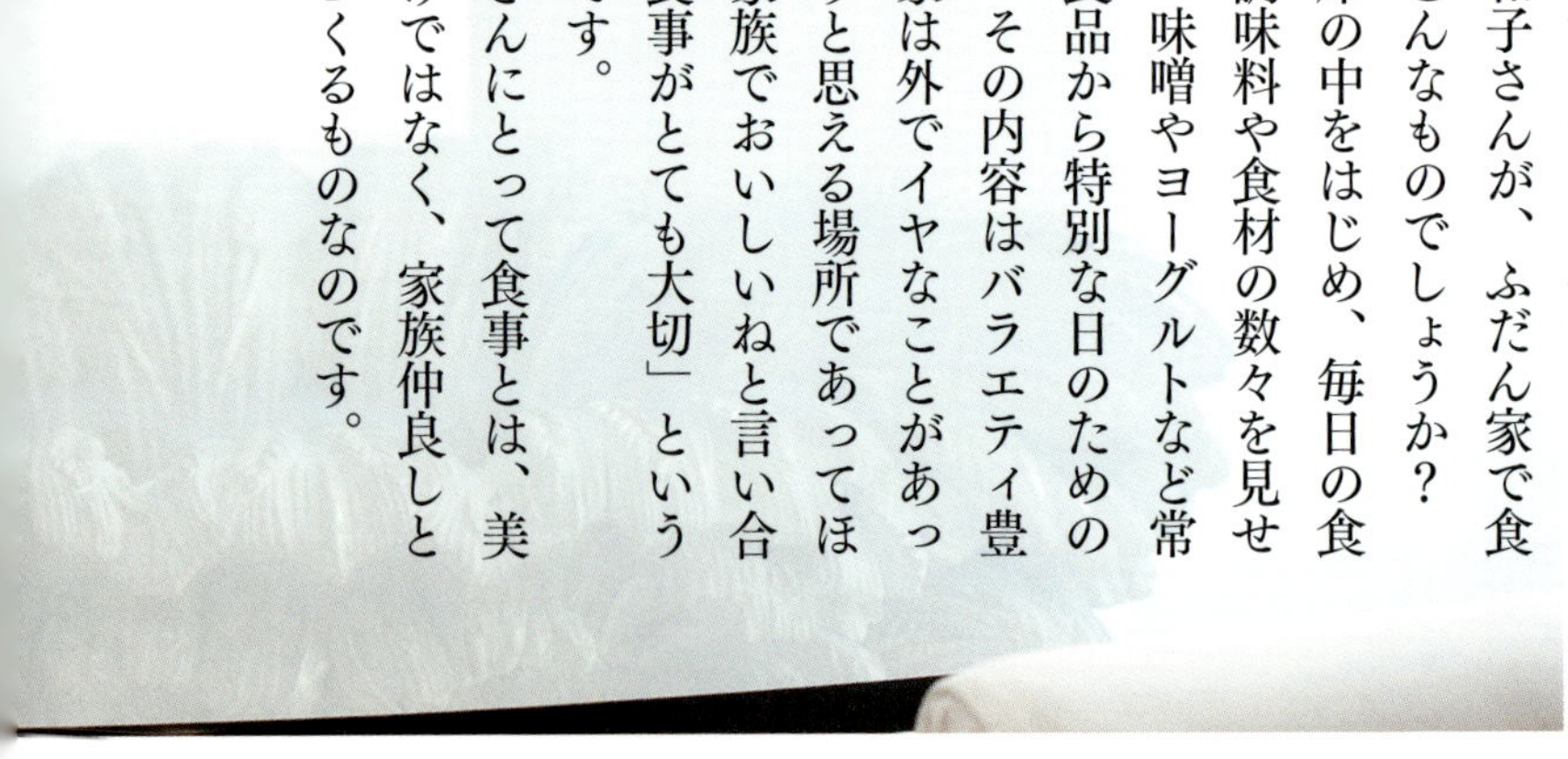

主婦にとって、キッチンは時に戦場。「義母に鍛えられたおかげで、キッチンでの動きは素早いんですよ、私」。無駄のない動きに惚れ惚れ

家族３人（長女は関西在住）の茶碗と汁椀。白の夫婦茶碗は『リチャード ジノリ』。汁椀はお揃い。「うちのお味噌汁は具沢山なので大きめです」

発酵の力なくして十和子肌は存在しません

食卓にあるのは、ありふれた喜びと家族の健康を願う気持ち。食事も愛情も大事なものは地味にみえる。けれど滋味で力強い

納豆、味噌、ごま、山芋、こんにゃく……君島家の定番食材は毎日食卓に

どんな時でも、愛情というひと手間をかけた食事をつくる

家族みずいらずで、おいしい食事をいただくこと。それは今の私の一番の楽しみであり、生き甲斐であり、幸せでもあります。「おいしいね」「ほんとね」を何度も何度も言いながらいただく、地味だけれど温かい

キッチンでも夫婦二人三脚。「料理はしませんが、（キッチンでの）滞在時間は長いですよ」という誉幸さんはこまめに冷蔵庫内の整理整頓

ナツメ製のお箸。「食洗機に対応でき、かつ木のぬくもりがあるものを」。利便性と美意識にこだわるご主人が探して探して見つけて、購入

ふだん使いの箸置き。「お客様用、お正月用……とほかにもたくさんあるのですが、どれも義母から譲り受けたもの」。そのセンスは雅でモダン

たくさんの食材が入った、見ているだけでおいしそうな冷蔵庫の中。「最善のごはん」を支える充実のラインナップ。塩や醤油などの調味料もしまわれている

ごはんはなんて美味なのだろう、と思います。一人の食事が味気ないのは、「いただきます」と「おいしいね」を言い合う相手がいないからだとわかりました。

　ここ数年は、仕事帰りにスーパーに飛び込んで買い物をし、大慌てで帰宅して、「20分でつくるから、もうちょっと待っててね」というのが、お決まりになりつつある夕食パターン。手の込んだお料理は休みの日以外はなかなかつくれなくなりました。主婦業を存分にやらせてもらっていた頃に比べると、つくれるお料理は限られていますが、それでも時間や予算や体調……いろいろな制約の中で、「その時できる最善のごはんを家族につくる」と決めています。「最善のごはん」とは「高価な食材をふんだんに使う」ことや「オーガニック素材を使った完璧なスローフード」という意味ではありません。「心のこもった食事」という意味です。時間があってもなくても、食材が昨日の残りものでも、冷凍のお肉でも、健康を考えた「ひと手間」という愛情をかけた食事のことです。

　さぁ、今夜は何をつくりましょう。

Towako's 美語録　私が日頃心がけていることは「人と比べない」「心身ともに健康でいる」「周囲を否定しない」「好奇心を持ち続ける」の4つです

強くて優しい発酵の力を信じています

「縁の下の力持ち」という言葉を見たり聞いたりすると、なぜかふと思い浮かぶのが、お味噌や納豆などの地味で滋味な「発酵モノ」たちです。小さい頃から食卓には納豆、鰹節、ぬか漬け、魚の粕漬け……などの発酵食がズラリと並ぶ家庭に育ちました。私や家族の元気や幸せを支えてくれているのが、そんな発酵食をふんだんに取り入れた食生活にあると思っているんです。

発酵食の中でも特に愛してやまないのが、お味噌と納豆。そしてヨーグルト。お味噌汁をいただくと、気持ちがぎくしゃくしている時でも、いっとき幸せな気持ちになります。お腹がほんわりと温かくなり、まさに五臓六腑に染みわたる感じ。洋風のスープもおいしいけれど、体や気持ちに沁みるのは、やっぱりお味噌汁なのだなあと思うのです。我が家ではごはんを炊かない日はあっても、お味噌汁がテーブルに上らない日はほとんどありません。

「おいしい」と好評だった、初めての手づくり味噌

“おいしいね、と言い合える相手がいることの幸せ。夫婦の絆や家族としての一体感は食卓で生まれる”

白味噌、赤味噌、仙台味噌……味も風味も違うお味噌の味を楽しんでいる

発酵食で、お味噌の次に消費するのが納豆です。おかずとしていただくのはもちろんですが、日によってはちょっとした主食にとってかわる存在でもあります。

仕事で昼食時間がずれこんでしまった時は、ごはん代わりに2パック。ちょっとおなかがすいた時にもひとパック。学校から帰ってきた娘に「おなかすいちゃった。ママ何かない？」と言われた時も、納豆のパックを迷わず出します。「は？ なんで……納豆？」と引き気味で言われますが（笑）、間食でお菓子をいただくより、うんと体に優しいですから。私が大人になってから、「発酵モノ」をふんだんにテーブルに並べてくれた母に感謝しているように、娘にもいずれきっと伝わるはず。

納豆やお味噌汁をいただいた日は、体と気持ちの持ちが違うのがわかります。あとひとふんばりがきく。そんな強くておいしい「発酵の力」を信じている、薄幸ならぬ発酵の家人です（笑）。

義母の入院先に差し入れていた、なめこ汁。「倒れた当初はまだ麻痺も残っていたので、ワンアクションで、スルッと飲み込めるお味噌汁ならと思って。毎回、なめこ汁をつくり保温ポットに入れて届けていました」。ひと手間もふた手間もかけた愛情味噌汁

今夜は滋味深い小松菜と揚げの煮浸しに決定

「小松菜と揚げの煮浸し」は君島家の定番のおかずのひとつ。小松菜と油揚げをごま油でさっと炒め、醤油とみりんで味付けした煮汁でしばし煮込む。「水を入れた軽量カップの中にだし醤油もみりんも入れて、煮汁をつくっちゃうんです」。こなれた時短技がいっぱい

スープもいいけれど、体や気持ちにまで「沁みる」のはやっぱりお味噌汁なのだと思うのです

「ごはんを炊かない日はあっても、お味噌汁をつくらない日はほとんどない」という君島家。具は豆腐、わかめ、大根の定番モノから「昨晩はお鍋だったので、余った野菜に半熟卵をプラス」などの残った食材の活用まで、賢くおいしく。「娘たちはこんにゃくがたっぷり入った豚汁、私は山芋のお味噌汁がお気に入り」。今夜はご主人の好きな、あおさと豆腐のお味噌汁に

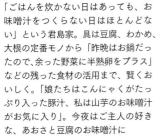

たくさん
あります!!

君島家の愛用調味料と食材

料理の腕前を上げる食卓の名脇役がズラリ登場。おいしさ、品質、健康を重視する十和子さんの食への姿勢が見えてきます

練りごまと乳酸菌米糀があれば、おいしくなる

「肉や野菜にかけるだけで一品に」。（写真右）白神山地生まれの乳酸菌とあきたこまちの米糀から生まれた調味料。白神ささら　250g　¥500／白神手づくり工房　TEL 0185-54-5405（写真左）ごま和えや煮物のコク出しに。練りごまパック入り（白）150g　¥600／山田製油　TEL 0120-157-508

オイルはとにかく、鮮度と搾り方が肝心。早めに使いきれるよう小瓶を購入

コショウはミル付きで、新鮮なピリリを味わう

「コショウは挽きたてが一番と思うので、ミル付きの卓上型を」。すっきりとした辛みの黒コショウ。マコーミック ブラックペパー ミル付　27g　¥1,000／ユウキ食品　TEL 0120-69-5321

コクのある味わいは鍋にもドレッシングにも

「我が家のお鍋にはコレ！　コクと酸味と香り、どれもでしゃばらない絶妙バランス」。ドレッシングにも。ぽん酢しょうゆ　ゆずの村　500mℓ　¥537／馬路村農協　TEL 0120-559-659

お味噌汁にもひと垂らし風味豊かな卓上ごま油

クセのない口当たりとほのかな香りの高級ごま油。「大根のお味噌汁にひと垂らし……がオススメです」。関根の胡麻油　180g　卓上ビン　¥1,100／胡麻油の関根　TEL 0120-508-750

中華風味には欠かせない手軽な万能調味料

「レタス鍋などの中華テイストの鍋物やスープには欠かせない中華調味料」。皇膳房　中華スープ ボトル　130g　¥450（参考価格）／丸成商事　TEL 03-3994-5111

（写真①）1週間分のオメガ3が摂れる、14本入りのお試しセット。（1日2本目安）「スティックタイプで使い切りなので、酸化せずフレッシュオイルがいただけます」。毎日えごま&オリーブオイル　4g×14本入り　¥850／太田油脂　TEL 0120-313-577（写真②）素材の旨みを引き出す風味豊かなオリーブオイル。お醤油やめんつゆ、ドレッシングに1、2滴混ぜてもおいしい。燻製オリーブオイル（スポイトボトル）30mℓ　¥862／風の仕業　TEL 0267-44-6700（写真③）生のココナッツ果肉から低温でじっくり抽出した食用オイル。「最近はカレーや野菜炒め専用です」。エキストラバージンココナッツオイル（エクスペラー）360g　¥2,400／COCOWELL　TEL 0120-01-5572

①

②

③

紀ノ国屋インターナショナル
東京都港区青山3-11-7
Aoビル地下一階
営業時間　9時～21時
日曜・祝日営業
http://www.e-kinokuniya.com
電話 03-3409-1231

行きつけのスーパーにて。「イタリア人の店員さんから勧められるものは、本当においしくて色々新情報をいただいています」

こだわりのお塩 Collection

料理の味を決める大事な塩。「スーパーで見て気になったものは試してみます」

食材になじみやすいので料理の下ごしらえに

溶き卵や粉モノには、溶けやすい水塩を

天麩羅やおにぎりは、味が引き立つ藻塩で

グリルした肉や野菜に好相性のハーブ岩塩

君島家のカレーがおいしい理由はこのルーにあり

「我が家の不動のカレールーです。フレーク状になっているので溶けやすいのも魅力」。コスモ直火焼　りんごカレー・ルー甘口 170g　¥360（参考価格）／コスモ食品　TEL 0172-68-5070

食欲をそそるごはんの友
絶品のキムチ！

「ここのキムチは浅漬けから古漬けまで、どのプロセスもおいしくてやみつきに」。炭火焼肉食道園オリジナルキムチ（小）500g　¥1,000／炭火焼肉食道園　TEL 0120-155-138

おやつにもおすすめ！
体が喜ぶわかめチップ

「おやつ代わりにスナック感覚でポリポリいただいています」。後引きタイプのしょっぱ甘い乾燥わかめ。食べる健康わかめ 70g　¥500／笹川流れの地魚処　天び屋　TEL 0254-79-2154

健康な大地で作られた
日本初のオーガニック卵

「ゆで卵や目玉焼きなど、卵の味と栄養をまるごとしっかり摂りたい時にいただいています」。リアルオーガニック卵　6個入り　¥720（編集部調べ）／黒富士農場　TEL 055-277-0211

Towako's 美語録　見えない部分の積み重ねは、もって生まれたものや才能に勝ります。そして失った若さを穴埋めするのは、日々培った体力と知力です

北海道の生乳を使ったひとくちサイズのモッツァレラチーズ

「サラダなどに切らずに使えて便利」。北海道チェリーモッツァレラ　100ｇ　¥531（希望小売価格）／タカナシ乳業　TEL 0120-369-059

コクのひきわり、旨みの小粒、歯ごたえの大粒……納豆の滋味は全部

「年季の入った納豆フリークですが、こだわりはありません。ひきわりから大粒、黒豆……種類も食べ方もその日の気分で。タレの代わりにごま塩もオススメ」

冷蔵庫の中にないと落ち着かないモノNo.1は機能性ヨーグルト

冷蔵庫には、様々な銘柄のヨーグルトがずらり。「複数の異なる菌を摂るほうが腸内環境の改善に効果的。敢えて毎日違う種類をいただくようにしています」

「海苔がおいしいとおにぎりがご馳走になる」極上海苔の実力

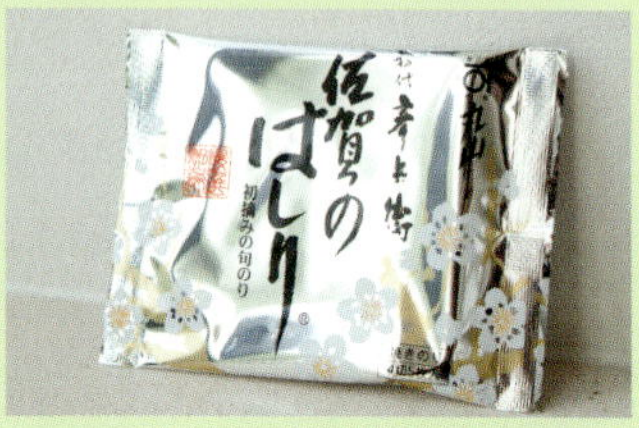

寿司店をはじめ、多くのプロや目利きに愛用されている海苔の名店。佐賀のはしり 初代 彦兵衛（四切箱入）¥2,953／丸山海苔店　TEL 0120-088-417

ごま大好きな十和子さんが手放せないごまはコレ

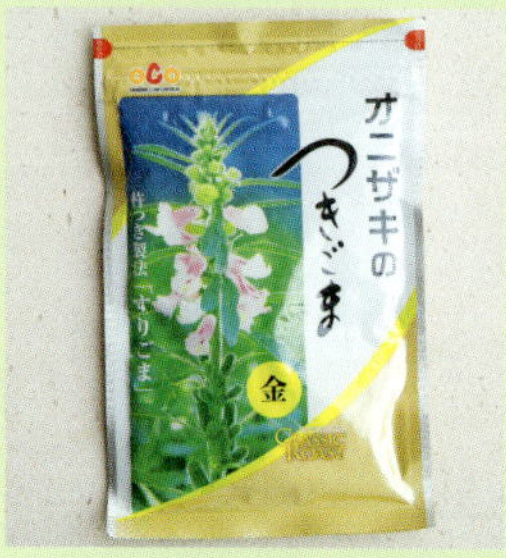

「やっぱりごまはオニザキさんのつきごまです。毎日どっさりいただきます」。オニザキのつきごま　金　70ｇ¥330（参考価格）／オニザキ　TEL 0120-30-5050

いろいろ試してみたけれど、やっぱりカルピスバターに落ち着く

「パンでもお料理でもクリーミーな深いコクを出してくれる」。カルピス㈱特撰バター（有塩）　450ｇ¥1,440（メーカー希望小売価格）／カルピス㈱

“非加熱ハチミツ”はトーストに塗ったり、ヨーグルトに入れて

「喉がいがらっぽく感じた時や風邪のひきはじめには、スプーン一杯を」。マヒカハニー　400ｇ¥3,700／magica　TEL 0120-817-612

人生ベスト3に入る、絶品のオニオンドレッシング

「熱海の旅館ふふの手づくりドレッシング。おいしすぎてサラダがすぐなくなります」。オニオンドレッシング　150mℓ¥800／熱海ふふ　TEL 0557-86-3646（代表）

やわらかな酸味のお酢のサイダーは、夏のマイブーム

「喉越しも後味もすっきりの柿酢。体に優しい夏のマイドリンクです」。ビネガーサイダー　柿酢　245mℓ¥280／庄分酢　TEL 0120-36-1535

食卓には小さな喜びや幸せが満ちている

仕事や学校で嫌なことがあったり、夫婦や親子で小さな諍いを起こしたり。そんなことは日々の生活の中で当たり前に起こること。けれど、どんなにぎくしゃくした空気の中でも、ごはんの時は「いただきます」と声を出して手を合わせるのが、君島家のルールです。主人が「絶対！」と決めた約束です。沈黙したまま、不機嫌なまま、ごはんをいただくことはルール違反。何はともあれ、個人の事情や

（写真①）加糖のヨーグルトに、とっておきのバルサミコ酢をグルリと一回しすれば十和子さんのオシャレなおやつが出来上がる。「お砂糖のしつこい甘みが消えて、フレッシュな酸味とコクのあるヨーグルトになるんです」。（写真②）「義父のフランス土産のガラス器。もうかれこれ20年のお付き合い」。手描きの馬や草花の絵が美しい（写真③）モデナ産フェルナンドペンサトのバルサミコ酢。日本未発売（並行輸入のみ）

（写真上）結婚祝いに贈られたクラシカルなトレイ。「20年使いひびも入っていますが、接着材で補修しながら使っています」

感情は一旦脇に置いて、きちんと挨拶してからいただく。しっかり噛んでじっくり味わい、ちゃんと血となり肉となってもらう。古めかしく感じられる形式かもしれませんが、主人が大切にしていること、守ろうとしているものが言葉ではなく、自然に家族に沁みていくようで、私は素敵な決めごとだと思っています。夫婦ゲンカをした時などは、歯をくいしばり気味で、「いただきます」を搾り出しているようですけれど（笑）。

　大きな喜びや心躍るような幸せは長い長い人生の中、たまにしかやってこないもの。だからこそ日々の小さな喜びや幸せに気がつくことが大事だな、と思うようになりました。当たり前のことに気がつくと日常の食卓には小さな喜びが一杯つまっていて、幸せが満ちている。だから食事の時間と場を大切にしています。

Towako's 美語録　「キレイになりたい」って思うのは、人がより良く生きるためのポジティブな姿勢の表れ。そしてキレイになるチャンスは、いくらでもあります

家族全員のお楽しみ！

君島家のお取り寄せリスト

家族が揃った日は日本各地のお鍋で賑やかに

君島家リピートNo.1鍋

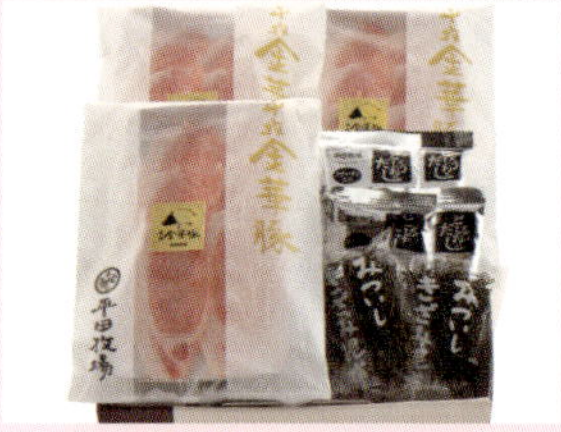

平田牧場金華豚ロースしゃぶしゃぶギフト　3〜4人前 ¥5,300/ 平田牧場　TEL 0570-550029
http://www.hiraboku.com

届くのが待ち遠しい鍋

越後屋極選しょうゆ味もつ鍋セット　4人前 ¥4,900/ 図南
TEL 0120-81-8899
http://echigoya-h.jp

お店の心意気が伝わる鍋

きりたんぽ鍋宅配セット　3人前 ¥7,800/ 料亭濱乃家
TEL 018-862-6611
http://www.hamanoya.co.jp/

名店の本格的な味を再現

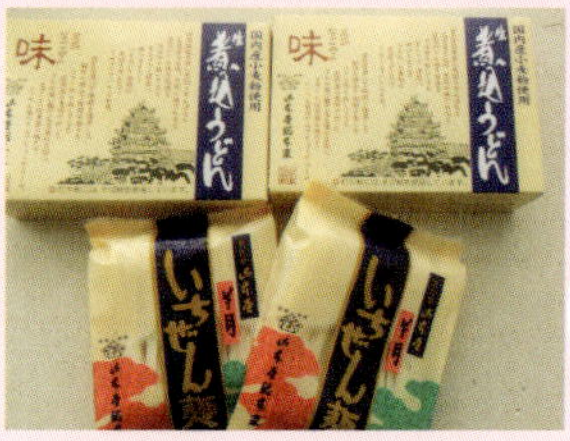

山本屋総本家　生煮込うどん、半月いちぜん麺（各2食入り）¥2,300
TEL 052-322-0521
http://www.yamamotoya.co.jp

老舗の誇る季節限定鍋

「白味噌仕立てのだし汁が秀逸です」。京野菜鍋　2人前 ¥8,000/ 京都・紫野和久傳　TEL 075-495-5588
http://www.wakuden.jp

もちもちの麺がスゴイ！

「自宅で食べるラーメンはコレに限ります」。極艶金味噌（2食入り）¥458/ 西山製麺 TEL 0120-722-933
http://www.ramen.jp/shop/

梅干しはよいものを

超薄皮のとろける梅干

プレミアムダイヤモンド梅10個 ¥2,778/ ぷらむ工房
TEL 0120-39-2406
http://www.plumkoubou.co.jp

贈答にも最適な逸品

紀州南高梅詰合せ（12個入り）¥3,500/ 銀座千疋屋
TEL 03-3572-0101
http://ginza-sembikiya.jp/store

主人は目利きです

雑誌やデパートのDMや催事場、旅先での一期一会など、夫妻のお取り寄せのアンテナは常に全方位、高感度

実はカレー好き♡

果肉の旨みが効いている

ハヤシ＆フルーツカレーセット（ハヤシ4箱、カレー2種各2箱）¥6,200/ 京橋千疋屋　TEL 0120-037-877 http://www.senbikiya.co.jp

知る人ぞ知る名物カレー

「お肉が絶品です」。あしや竹園特製但馬牛カレー（辛口）（5個入り）¥4,000 TEL 0797-22-4919 http://www.47club.jp ※「但馬牛カレー」で検索

君島家のお取り寄せのほとんどは、目利きのご主人・誉幸さんチョイスの実力者揃い。「届いた包みを開く時のワクワクとした高揚感はお取り寄せならではの幸せ。〝明後日お鍋が届くから、万難排して全員集合ね！〟なんて、家族でスケジュール調整するのも楽しいものです」圧巻のお鍋から魅惑のスイーツまで十和子さんの幸せをおすそ分け

地方の逸品たち

雅な美味デニッシュ

マーブルデニッシュ　京都三色¥1,000/京都・グランマーブル　TEL 0120-62-0628　http://www.grandmarble.com/

五代続く老舗の干物店

「かれこれ6年はお取り寄せしています」。金目鯛1枚¥3,000〜、地あじ1枚¥400/釜鶴ひもの店　TEL 0120-49-2172　http://www.kamaturu.co.jp/

夏は必ず楽しむ本場の味

「あともう一切れと手が伸びる！」藁焼き鰹たたき一節セット　¥3,100/明神水産 TEL 0880-55-2800　http://www.myojinsuisan.com/

我慢のし過ぎは厳禁！　スイーツも食べます

目がくらむおいしさ！

「衝撃のおいしさです」。フォンダンフロマージュ　¥1,600/赤い風船　TEL 0120-00-9333　http://www.akaifusen.jp/

和菓子の概念が覆る！

「広島の知人に教わった、驚きの名品」。桐葉菓《とうようか》　10個入り　¥1,222/やまだ屋　TEL 0120-44-0010　http://momiji-yamadaya.co.jp/

ほろ苦い大人のアイス

利休抹茶あいすくりーむ　8個セット¥3,914/つぼ市製茶本舗　TEL 072-261-7181　http://www.tsuboichi.co.jp/

手土産にもおすすめです！

レイズン・ウィッチ　10個入り¥1,200/代官山 小川軒　TEL 03-3463-3660　※店頭のみでの販売。購入の際は事前の予約をおすすめします

15ヶ月発酵させた和菓子

「黒蜜も見過ごせないおいしさ」。元祖くず餅(中箱) 2〜3名様用　¥806/船橋屋　TEL 0120-8-27848　http://www.funabashiya.jp/

こだわりのあんに大満足

「赤、白両方とも絶品のあん」。御座候(赤あん/白あん) 1個¥85/御座候　TEL 079-282-2311　http://www.gozasoro.co.jp/

Towako's 美語録　情熱さえあれば、時には失敗でさえ女性をキレイにするのです

SHAPE UP

ポイントは「即日対応」「500グラム」

十和子流体型維持法教えます

健康で美しくいるコツは「減らすことではなく今をキープすること」。それは筋肉、体重、良い脂肪、皮脂全てにいえること。「増えたら戻す」で若さを保つ

1日2回体重計に乗り ベスト体重をキープする

私の場合、ベスト体重は46・5kgですが、46kgを切ると、なんだか顔がギスっとし、どことなく疲れて見えてしまいます。逆に47kgを超えるとシンプルなワンピースのウエストラインがキレイに出なくなる。たかが500gですが、されどです。こだわっているのは体重という数字ではなく、あくまでも体型であり、ボディラインというデザインですが、そのためには増えた体重は「g」単位のうちに対処することを心がけています。「kg」単位になってしまうと、若い頃に比べ代謝が落ちているせいでしょうか、戻すのは思いのほか大変です。

例えば外食などで、500g増えてしまったら、翌日は間食をやめます。そして、夕食の時間をうんと早め、翌朝の食事まで12時間以上あけること（私は14時間あけます）。これだけでも500gくらいならすぐに戻るはず。早め早めに手を打つことが体型キープのポイントです。そのためにも朝晩2回の体重測定は欠かせません。

ペタンコなおなか

贅肉のない二の腕

すんなりした脚

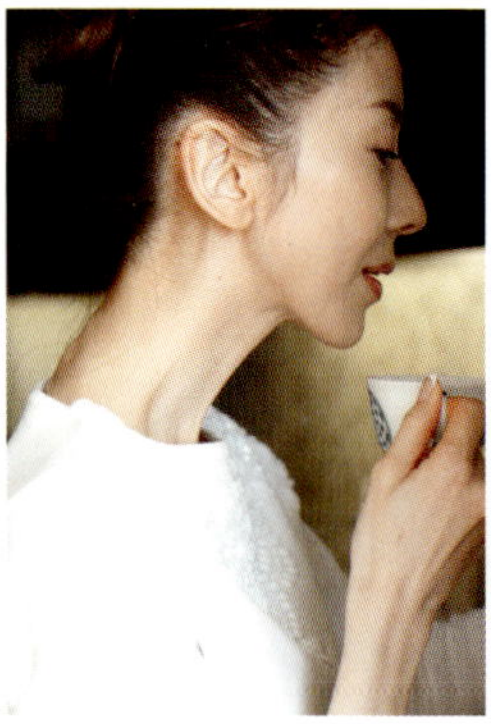

細くてしなやかな首

“ただいま身長167㎝
体重46.5kg
体脂肪率16%。
でも何もしなければ
私だって確実に太ります”

引き締まったボディがつくる優美な十和子ラインは、500g の攻防の成果。『FTC AOYAMA』にて

頑張らなくても守れる、小さな約束ごとを自分に課す

「十和子さんは太らない体質なんですね」とよく言われますが、そんなことはありません。何も手を打たなければ、やはり太ります。若い頃は慣れない芸能界でのストレスから56kgを超えたこともあり、無茶なダイエットを繰り返し体調を崩した経験もあります。そんな私が50歳を過ぎた今、元気に体型維持できている理由は？　と聞かれたなら、「頑張らなくても守れる日々の小さな〝約束ごと〟を続けているから」とお答えします。今でも続いている〝約束ごと〟は食事に関しては5つほど。

①野菜、タンパク質、炭水化物の順番に食べる（これも厳守！　ではなく、できるだけ）
②発泡水や水分を多めに摂取する
③家では極力砂糖は使わない
④お鍋のシメ（雑炊やリゾット）も我慢せずいただく。だけど二口まで
⑤良質なオイルを積極的にとる

どれもいたって簡単で、「痩せる秘訣」とはいえないような瑣末なことばかりです。でもだから続けられる。「お鍋のシメ」なんて、私的にはけっこうな重要案件（笑）。食べたいのに食べられない！　という恨みつらみを胃にも脳にも残してはいけないと思っているので。だから二口だけ許すんです。一口ではあまりに寂しすぎるので、二口（笑）。そんなふうにコツコツと重ねる日々の小さな努力だけが、体という変化するデザインを美しく保つと思うのです。

難しいことは
抜き！

十和子さんの体型を支えるアイテム&ルール

「自分の体を優しく見張る」という十和子イズムがぎっしりとつまった美と健康のアイテムたち。頑張らなくても続けられることが、そのまま老けない習慣になる

ご飯が主役のメニューには、こんにゃく生まれの米粒を

お米一合にワンスティックいれて炊くだけで、33%カロリーカットになる。マンナンヒカリ 525g スティックタイプ（75g×7袋入り）￥1,000／大塚食品

白砂糖は使いません。カロリー0の天然の甘味料で

煮物からロイヤルミルクティーまで、出番は多し。「急激に血糖値が上がる糖質の摂取には気をつけています」。ラカントS 顆粒　150g　￥570／SARAYA

グラノーラのごまを一粒一粒、噛みしめる

「大好きなごまが入っているので、一粒一粒噛み締めて食べるんです。少量で満腹になるし、何より美味！」。紀ノ国屋自家製グラノーラ 150g ￥600／紀ノ国屋

夕食のシメはスプーン一杯のしそ油です

「食後、飲むのがαリノレン酸を多く含むしそ油。酸化しやすいので、小瓶を購入し早めに飲みきるようにします」。健康しそ油 230g ￥1,300／太田油脂

厚さ8㎜のれんこんのきんぴらは美に効果あり

「厚めのれんこんをバリバリと噛み砕いていただくことで、咀嚼回数が増え、ダイエットにも繋がっているはず。何より私にはストレス発散になります（笑）」

家の階段は一段抜かしで、勢いよく駆け上がる！

「洗濯物を両手に抱えながら一段抜かしで何往復かすると、けっこうな運動量になります」。その気になれば家の中にもトレーニングの機会はそこかしこにあり

大好きなチョコレートの誘惑にはちょっとだけのる

「チョコレートをきっぱりと断つのは不可能（笑）。大好きなものを少しだけ、という折衷案で、おいしくいただく。我慢はいずれ必ず破綻しますから（笑）」

家族のためにも、「たくさん食べておいしくやせる」が絶対条件

「鶏肉や豆腐など身近な食材を使ったレシピが充実」。血糖とは？　など体の仕組みについても書かれている。「糖質オフ！でやせるレシピ」￥1,200／成美堂出版

「おいしくて太らない」一石二鳥のレシピと知識を増やす

「レシピはあくまで参考程度で、自分流にあれこれアレンジしてお料理しています」。「太らないおかず」シリーズ　各￥648／レタスクラブ

Towako's 美語録　失敗は決して〝マイナス〟ではない。失敗から逃げることが、〝マイナス〟なのです。積み重ねていけば、失敗も成功も身になります

第3章

Time Management

忙しい、時間がない……
だからこそ工夫が命

十和子流
生活の時短術

朝は娘のお弁当づくりや家事を済ませ、昼間は化粧品会社『FTC』のクリエイティブディレクター、美容家として会議やデスクワークをこなす。夜はスーパーに駆け込み、夕食を用意。加えて週に2度は義母の好物を携えて、入居している施設を訪問。母、妻、美容家そして嫁……4つの役割を担いながら、読書や美容の時間も確保している十和子さん。驚くべき時間のやりくりの秘訣は「時短」と「〜しながら」でした。この章ではとくに食事を大事にしている十和子さんに、食に関する時短の工夫や時短レシピを教えてもらいました。

これが十和子さんの1日です！

「時間のない働く母には、1分1秒が真剣勝負です」。やれる時にギュッと濃縮して働く、動く、キレイになる。十和子さんの1日は濃い

6:00

起床

起きたらすぐさま洗面所に直行。洗顔後、朝のスキンケア（所要時間7分くらい）と歯磨き

6:10

朝食

次女の朝食とお弁当の用意。並行して洗濯機を回し、乾燥機に3分だけかけておく

7:15

次女、学校へ

最寄り駅まで次女を送り、家に戻って夫婦で朝食をとる。その後、掃除→丁寧なスキンケア→メイクへ

9:40

出勤

半乾きの洗濯物のシワを伸ばして天日干し（これでアイロンがけいらず）夫とともに出勤

14:00

ランチ

午前中、会議や打ち合わせを済ませ、やっと昼食。「会社の近所のカレー屋さんに行くことも」

15:00

再び仕事

営業会議、通販部門のミーティング、取材や撮影、会報誌の校正など。仕事は次から次へ……

18:30

退社

スーパーで、夕飯と翌朝のお弁当の食材を購入。自宅の冷蔵庫内の食材ストックを思い浮かべつつメニューを考える

19:30

夕食

夕食の準備。ごはんを鍋で炊き、その間、20分でおかずを2～3品用意。「野菜料理は一品は必ず」

22:30

入浴

夕食後一息ついて、テレビのニュースを見たり、メールを読んだり。「そしてお風呂で読書！」

24:30

就寝

スキンケア（所要時間約15分）の後、ストレッチや足ツボマッサージなどを10～15分。「24時までに寝るのが目標ですが、ついつい読書」

Towako's 美語録　50代が守るべきは柔軟な筋肉と潤い、そして育てるべきは柔軟な遊び心だと思います

お料理時短術

ごはんはお鍋で炊く方が早い！

毎日のごはんはお鍋で炊く。「そのほうが早くておいしいから」。理由はいつだってシンプル！

お米をざるに入れて、手早く研ぐ（いつも炊く量は最少で1合、最多で2合）

芯まで炊き上げるために10分ほど浸水。水の量は1合あたり180ccくらい

蓋をして強火にかけ、鍋がコトコトと沸騰したら、ごく弱火にし、12分ほど炊く

炊き上がったら火を止め、蓋をしたまま2〜3分蒸らして出来上がり！

しゃもじについたごはん粒で炊き上がりをチェック。「今日もおいしく炊けました！」

（写真上）一膳分だけでもふっくらおいしく炊ける鍋ごはん。本日のお米は君島家イチオシ「龍の瞳」。コシヒカリの1.5倍という粒の大きさと滋味のある甘みが魅力。（写真左）具はすりおろした山芋だけというお味噌汁やごまが隠し味の大根のお味噌汁。「時短で滋養で滋味ですよ」

ごはんはお鍋で短時間で炊き、助っ人はトマトの水煮缶

長女が社会人になり家を出たことで、我が家が消費するごはんの量は激減しました。一度に三合以上炊くこともなくなったので、今は炊飯器の代わりにお嫁入りの時持参した『ビタクラフト』のお鍋でごはんを炊いています。二膳や三膳分のごはんならお鍋で炊くほうが早く（20分）、しかも断然おいしい。食べたい時に食べたい分を炊きたてでいただける、一石三鳥の贅沢です。

時短料理といえば、トマトの水煮缶は強力な助っ人です。買い物もできず、調理時間がないときでも、トマトの水煮缶さえあればなんとかメインディッシュも格好がつきます。いよいよ困った時の定番メニューが「15分でできるチキンのグリルトマトソースがけ」（ソースで煮込んでもおいしい）。見栄えもよく、手抜きを感じさせないありがたい一品。トマトソースは「煮てよし、かけてよし、炒めてよし」の時短の友。これだけは常にストックしています。

早くて、
おいしい！

十和子流

調理時間 15 分！

「チキンのグリル トマトソースがけ」

材料（4 人分）
鶏の胸肉……300 グラム
トマトの水煮缶……500 グラム容量を 1 缶
ニンニク……2 かけ
野菜……ブロッコリー、タマネギ、アスパラガスなど
その時冷蔵庫にあるもので
オリーブオイル……適宜
塩・コショウ、小麦粉……適宜

解凍した鶏肉（基本的にはお肉の冷凍保存はしませんが、鶏肉だけは緊急用にストック）に、軽く塩、コショウをふる。時間に余裕があれば、小麦粉を鶏肉全体に薄くまぶしておく

フライパンにたっぷりのオリーブオイルを熱し、ニンニクのみじん切りを入れて炒める。香りがたってきたら、鶏肉を投入。鶏肉の皮側からこんがりと焼いていく

焼きあがった鶏肉は取り出しておく。同じフライパンでタマネギ、アスパラ、パプリカなど、その時ある野菜を炒める。（本日はブロッコリーをレンジで加熱したものにしました）

③のフライパンから野菜を取り出し、そのままトマト缶と水を少々入れ煮詰める。塩、コショウで味を調え、焼いておいた鶏肉と野菜にたっぷりかけて、できあがり

ブロッコリーは茹でずにレンジで加熱。
「時間がある時はお鍋で茹でます」

カラフルなキッチン道具で台所仕事を楽しく！

シックな君島家のキッチンにひときわ目立つカラフルでスタイリッシュなまな板やお玉などの調理用具たち。その多くが、機能性とデザイン性に優れた製品を欧米から直輸入している『グリューセン』というお店のもの。その心躍るカラー、遊び心のあるデザインには十和子さんならずとも魅了される。「うちのキッチンは採光が十分取れず、ちょっと暗いので、ならば調理用具ぐらい明るくと思い、敢えてカラフルにしています。台所道具は毎日目に入り、毎日使うものだからこそ気に入ったものにしたいですね」

グリューセン
東京都港区赤坂 9-7-3
東京ミッドタウンガレリア 3 階
営業時間　11 時～21 時
日曜・祝日営業
定休日・東京ミッドタウン休館日に準じる
http://www.grussen.jp/
電話 03-6434-0619

Towako's 美語録　“清潔感” のないところには “美” もないのです

第4章 Health Care

私が怖れるのは
シミでもシワでもありません

十和子流
健康寿命の延ばし方

「キレイなお肌をしているからシミやシワが怖いでしょ、とよく言われるんですが、私が怖れているのはシミでもシワでもないんです」。取材中、ふとつぶやいた十和子さんのひとことから生まれたのがこの章。では十和子さんが怖れるものは一体何？ それは……今ある健康を失うこと。

「自分の足で好きな時に好きな場所へ出かける自由やおいしいごはんを家族や友人といただく幸福、仕事で思う存分奔走する充実感など、ふだんの生活の〝当たり前の幸せ〟は、健康な体と心があってこそ。だから体によいといわれているものは、積極的に取り入れます。本当に効くの？ なんて悩んでいる時間すら惜しいんです」。今回はとくに体質ともいえる冷え症への対策や年齢的に避けられない更年期、体のエイジングにどう向き合っているのかを聞いてみました。

“人生の折り返し地点を
過ぎた今、悩んでいる時間すら
惜しいのです”

For WARM BODY

冷えた体に幸せのオーラはやってこない

十和子流冷え退治

「肌の美しさは血流にあり」。体が冷えて流れるものがよどみ滞れば、不調がでるのは当然のことです。だから365日、「冷え」退治は当たり前

「冷えたら負け」それは揺るがない女性の体の法則

40歳を過ぎてからは、若い頃忌み嫌っていたババシャツとも言われるアンダーシャツ、そして厚手のタイツとすっぽりとお腹を包むアンダーパンツは、「冷え退治」の必需品になりました。軽くて暖かいインナー探しは私の冬の恒例行事といっていいほど。「温かな体」のために、情熱を注ぐべきは体幹の温度を恒常的に守ってくれるインナー探しです。「女性の体は冷えたら負け」と、釣りやトレッキングなどのアウトドア用の肌着も愛用しています。

そして冷たい外気にさらしてはならないのが首と足首。家の中でも絶対に素足では歩きません。夏以外は、靴下とスリッパ込みで私の足（笑）。就寝時は三つ折りに畳んだタオルを首に巻いて（着物の半襟みたいな感じです）、襟元から入ってくる冷気をシャットアウトします。

私は冬に限らず、夏でも強い冷えを感じたら、使い捨てカイロで体のツボをさっと温めるようにしています。風邪の侵入を防ぐツボがある首の後ろや全身の血行を促す効果のある左右の肩甲骨の間、下半身の冷えに効く「仙骨」周辺などを温め、「冷え」が決して体に居つかないように。そんな「ひと手間」を続ければ、色みも艶もある温かい肌が戻ってきます。

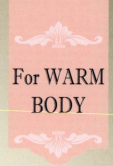

「寒がりなんです」と言うけれど、冷房の効いた夏の屋内でも冷たい風吹く真冬の屋外でも、いつ会っても十和子さんは元気で温かい。「血色のいい色艶のある肌なら、シワやシミすらもその人の個性だと思わせてくれます。だからいつも温かい体でいたいんです」

幸せな人は温かい体を持っている

冬はそもそも寒いとわかっているし、12月にもなれば、寒がりな私はすでに越冬態勢（ちょっとオーバーかな）に入っていて、用意万端。だからでしょうか、冬は案外暖かく過ごせます。

問題は夏。建物の中はどこもかしこも冷房が効いていて、オフィスやスーパーは冬場より寒いくらい。どこへ行くにも、薄手のカーディガンかストールは必ず持ち歩き、新幹線や飛行機（特に長いフライトの時）での移動には、『ユニクロ』の『ウルトラライトダウン』は必携です。もはや日焼け止めや日傘と同じくらいのマストアイテムといっていいほど。

暑い夏に「あと一枚」を持ち歩くのは、面倒くさいことかもしれませんが、そのひと手間を惜しまないようにしています。「冷え」に限らず、損する覚悟、面倒くさいことをする覚悟をした人がキレイになれると思っているんです。

一番簡単に幸せになる方法は「温かい体」になることかもしれません。血色のいい人はわけもなく幸せそうに見え、若々しく、エネルギッシュで、温かく相手をふわりと包みこむようなオーラを持っています。体温や血流は生命力であり、エネルギーそのもの。血の巡りのいい温かな体は確かに幸せそうに見えるのです。

暖かな寝具にくるまれて、ホカホカと眠りにつく時の私は、その日一番の幸福を感じています。友人や知り合いや家族に「温かそう」「元気そう」「幸せそう」だと感じてもらえる人でありたい。雪が降るのが楽しみで仕方ない子どものように、寒さをものともせず冬を愉しめる体でありたい。

そんな人は生涯美しく、幸せな人だと思うから。

冷え解消にやっています！

十和子さんがマメに続ける「末端から血流を促す小さな運動」。その場で温かさが実感できる

手指の先を揉む

爪の両脇を挟み、揉むように刺激する（指先や爪周りにある副交感神経を刺激し血行を促進）。「全部の指をやり終える頃には、手のひら全体がじんわりと温かくなっています。血流は意識次第だということがよくわかる瞬間」。体の末端や細部を意識すれば、もっともっと血は巡る

足のグーパー運動

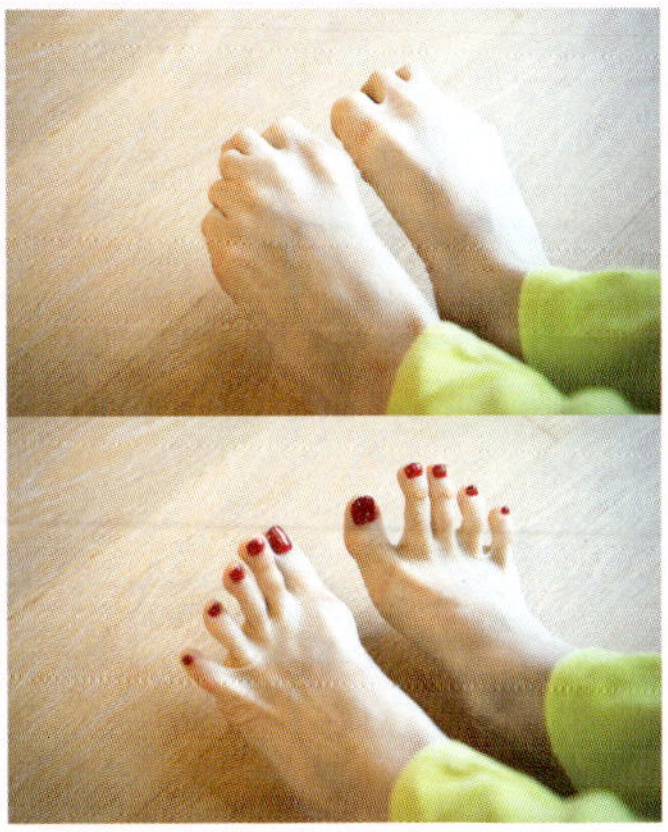

足の指をギュッと閉じてグー、思いきり開いてパー。冷えの改善はもちろん、外反母趾の予防や甲のアーチ保持にも一役買ってくれる

愛用の冷え退治グッズ

「百害あって一利なし」と徹底的に抵抗。あの手この手を使って温める努力は惜しみません

特殊な発熱素材のウェア

人体から出る微量な水蒸気を吸収して発熱する。ブレスサーモ　ラウンドネック（長袖シャツ）￥3,900 同ハイウエストハーフスパッツ ￥3,500／MIZUNO

オフィス用膝掛け

『FTC』のスタッフから誕生日プレゼントにもらった『カシウエア』の膝掛けはオフィスに常備し、夏の冷房から身を守る。デスクワーク時の強力な助っ人

ふわもこスリッパ

秋も深まる頃になるとバブーシュから冬毛を蓄えた猫のようなふわもこスリッパにチェンジ。ご主人が『ユニクロ』で購入。「靴下は娘のものを内緒で拝借（笑）」

しょうが入り甘酒

寒気を感じたら、迷わずしょうが。「ごりごり皮ごとすって甘酒にどっさり入れていただきます」。君島家の薬箱には風邪薬はないけれど、しょうがは常にある

くず湯

「風邪のひき始めや、おなかが冷えたと感じた時は熱々のくず湯。スーパーなどで目についたものを購入しています。もちろんしょうがをたっぷりと入れて」

ウールのシーツ

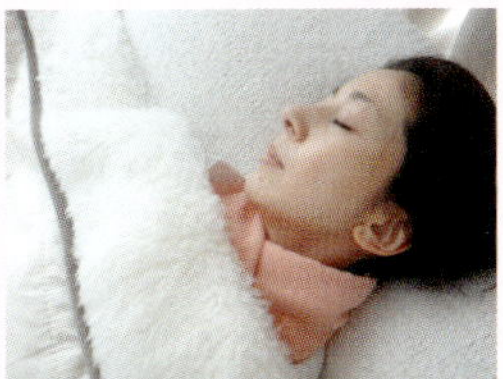

真冬は『カシウエア』のタオルケットをシーツ代わりにしたり、羊毛100%のふかふかのシーツ（通称ひつじちゃん）を愛用。首元は半襟風タオルで冷気を遮断

Towako's 美語録　バラ色に輝く頬は、生命力と幸福感の象徴です

更年期とは
変化する体と向き合いながら
頑張ってきた自分に
エールを送る時期

「女が終わる」そんな言葉に傷ついてはダメ

40代、50代を迎えた女性にとって、大きなハードルとなるのが更年期と閉経。50歳を迎えた私は、まさに更年期の真っただ中です。幸いなことに、のぼせや鬱や倦怠感といった更年期特有の症状は出ていませんが、それでも肩こりやときどき起こる頭痛などの不定愁訴は自覚しています。私の更年期対策はごくごくシンプル。

「体を冷やさないこと」

「女性ホルモンは薬やサプリメントではなく食事で補うこと」

の2点だけ。女性ホルモンに似た働きをするといわれている大豆イソフラボンを摂るために豆乳、納豆、きな粉、油揚げ、お味噌汁……など大豆製品を意識的に摂るようにしています。女性ホルモンの原料となるコレステロール豊富な卵、そして高タンパクの赤身のお肉も欠かせない食材です……と、あら、私の大好物ばかり（笑）。

そもそも、「閉経するともう女性じゃなくなる」という、昔ながらのお決まりの文言ですが、いかがなものかと思います。無遠慮な人たちの発言はもちろん論外ですが、当事者である私たち女性も、「女が終わる」という何の根拠もないイメージに抗うことなく、必要以上に感傷的な気分になってしまう気がしてなりません。

「女性として見てもらえなくなる」という理由から閉経をパートナーに報告できない女性もいるという話も聞きました。子どもを産むという機能や役目は卒業しますが、女性まで卒業するわけではありませんし、女性性が機能しなくなるわけではありません。今まで培ってきた女性としてのエネルギーに水を差される気がするので、「女が終わる」なんて、そんな風に思うのは、やめにしませんか？

更年期は女性として磨きをかける勝負の時

私に「その時」が来たら、きっと寂しさよりも「解放感」という、閉経の持つポジティブな側面に反応すると思います。今まで以上に爽快にアクティブに動ける、そんないいことだってあるはず。「何かが終わった体」は「新しい体」でもあるのね、と。かといって、「解放」が、開き直るような態度や怠惰やがさつなふるまいに結びついてしまうのは嫌です。女性としてのプライドを持ち続けるのは自分の意識次第。閉経後こそ、女性として磨きをかける勝負の時だと思っているので、あの手この手で、「新しい体」をカスタマイズする

旅行用のランジェリーケース。「下着姿や下着自体できるだけ主人に見せたくない。親しき仲にも礼儀ありです」

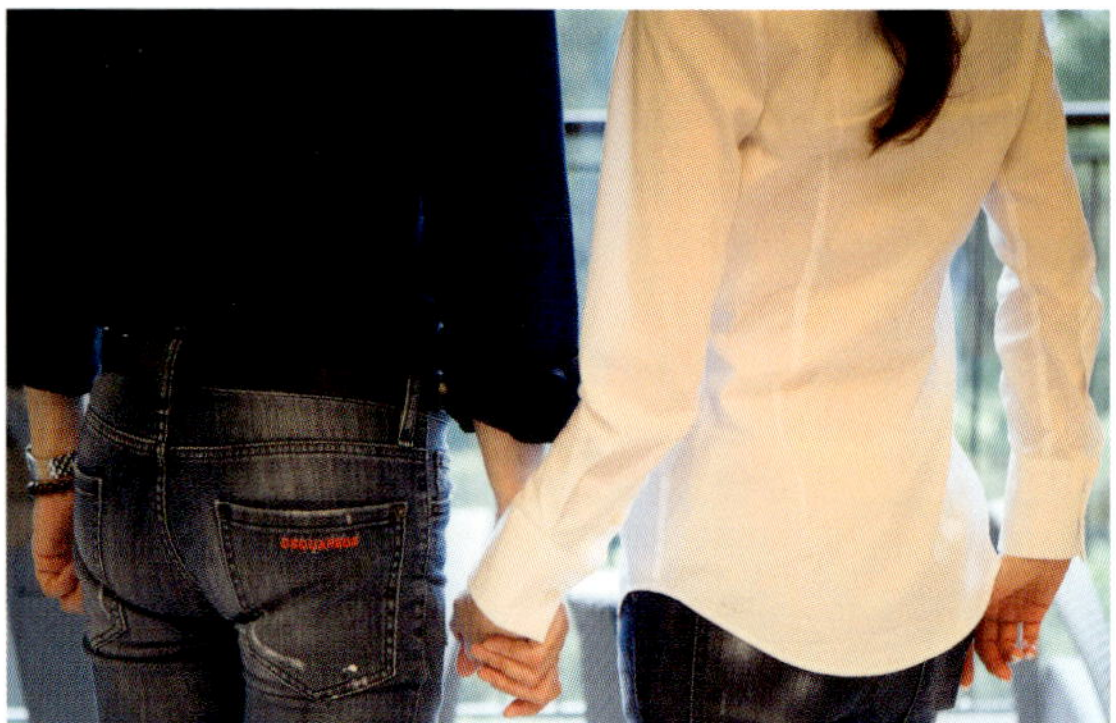

「好きな人が触れたいと思う女性でありたい。また、好きな人をためらわずに触れる女性でありたい」

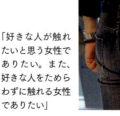

どうせ私なんて……と思わず
メイクもスキンケアも
もっともっと
貪欲になるべきです

つもりです。

50歳前後で閉経を迎えるとして、その後30年以上（平均寿命から考えると）も女性の人生は続いていきます。そう思うと更年期も閉経も通過点の一つに過ぎないなと思うのです。あまり感傷的にならずに、自分に訪れた「生きていればこそ起こる、当たり前のこと」と受け止めたい。私は酸いも甘いも飲み込んで、その行き着く先にある女性としての色艶や味わいを信じているんです。

変化する体と向き合いながら「一生、大事にするからね。だから死ぬまで元気、死ぬまでキレイを目指すわよ」と、もう一度決心し、自分の心と体にエールを送る。それが更年期や閉経期を迎えた時なんじゃないでしょうか。

ルポ

3年以上通っています
「血液クレンジング」

キレイと元気のキーワードは「抗酸化」。十和子さんが受けている通称〝血液クレンジング〟と呼ばれるオゾン療法とは？

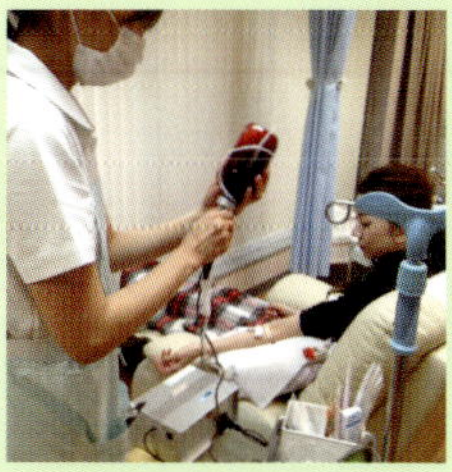

②血液を100～500㎖ほど採取し、ガラス瓶の中でオゾンと反応させる

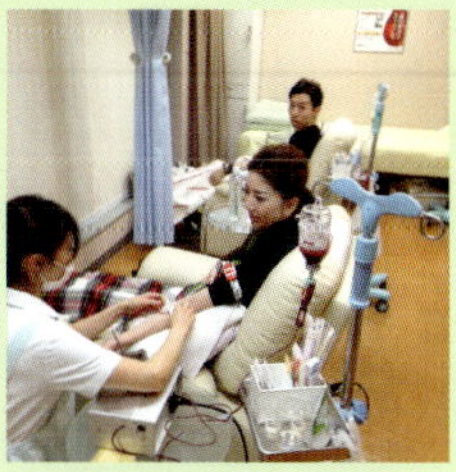

①血圧と体温測定。本日の体調や、前回の治療後の変化などを逐一報告

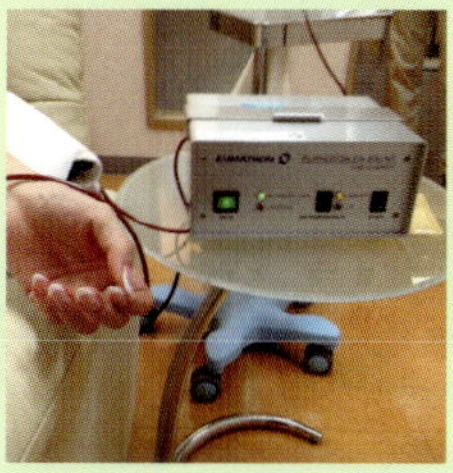

④血液を戻す際に紫外線を照射する血液バイオフォトセラピー（別料金）も追加

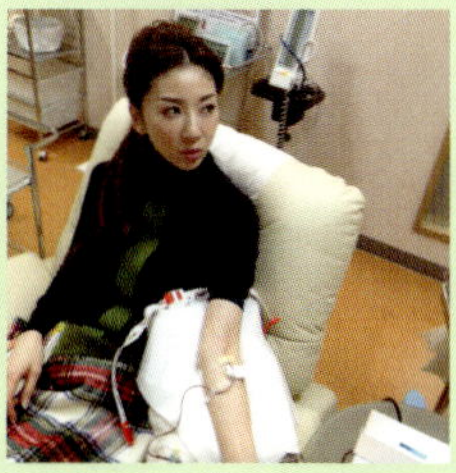

③オゾン化した血液を点滴の要領で体内に戻す。所要時間は約 20 ～ 30 分ほど

オゾンと血液が触れることで起こる反応によって、体が本来持っている抗酸化力や免疫力が強化され、全身によい作用をもたらすという『オゾン療法』。ドイツでは保険診療も適用されている。君島夫妻は月に１回は通院。費用は１回２万円～（保険適用外）

君島家のホームドクター的存在の渡井健男医師が院長

東海渡井クリニック
東京都大田区東海 3-2-1
大田市場内事務棟２階
【診療時間】月～金曜：９時～ 12 時 15 分、14 時～ 17 時半　土曜：９時～ 13 時
日曜・祝日は休診　電話 03-5492-2711

十和子さんの美と健康を支えるサプリたち

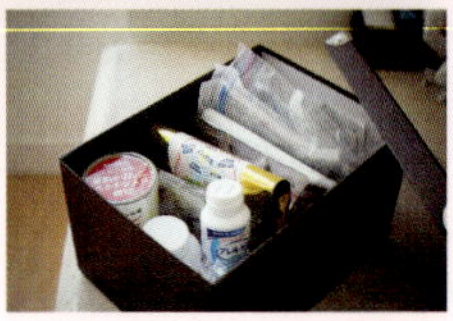

赤い粒のシートは貧血の薬。「うちの薬箱に入っている唯一の処方薬。実は何年も抵抗して薬を飲まずに頑張っていたのですが、数値がよくならず、ついに観念しました（笑）」。薬もサプリも必要最小限。けれどその力を上手に借りることも、元気に快適に生きるコツ

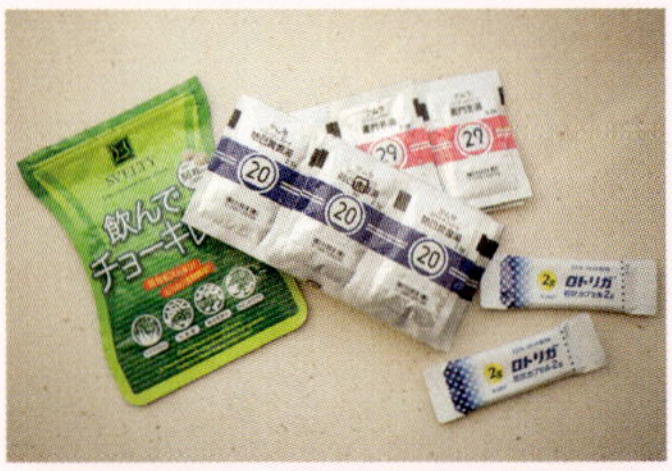

風邪や便秘など、不調時のファーストチョイスはハーブやアロエの成分や食物繊維が入った自然派サプリメント。むくみをとる防已黄耆湯（ボウイオウギトウ）や咳や痰をきる麦門冬湯などの漢方も常備

ポーチの中身は

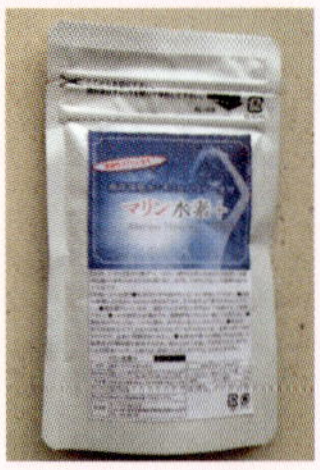

P81に登場の渡井先生が推薦する抗酸化とデトックスのサプリのサンプルを試し中。「最近摂り始めた『マリン水素＋』、体の変化が楽しみ」

いつも持ち歩いている十和子さんのポーチの中身を拝見。目薬、トローチ、貧血の薬から本の栞（中央）やリタッチ用のコスメなどが。「QVCの収録では、気がつけば熱い弾丸トークになっているので（笑）、トローチは必携」

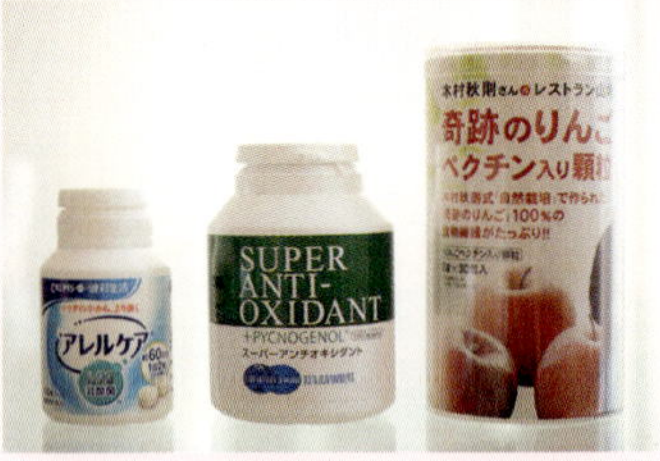

（写真右から）奇跡のりんご　ペクチン入り顆粒　60g（2g×30包）¥5,000／FTC、スーパーアンチオキシダント　150カプセル　希望小売価格¥5,000／ヘルシーパス
※購入には医療機関からの紹介が必要。
アレルケア®　120粒　¥3,889／アサヒカルピスウェルネス㈱　※通販限定商品

サプリメントは、目的を絞り少数精鋭主義で

健康に貪欲な私が最後に辿り着いたのが「抗酸化」と「デトックス」です。体のあらゆる不調や機能の衰えは「酸化」によるということが、医学的にも定説になってきました。また「デトックス」という体内に溜まった不純物や有害物質を排出させる解毒や浄化は、年齢を重ねた体だからこそ必要な作用。排出を司る腸内環境はインナービューティーの要ともいわれています。

50代を迎え「今の健康をできるだけ長く保ちたい」と願う私にとって、サプリメントは欠かせないケアのひとつ。「日々の食事から補えるものは、なるべく食事から摂ること」が基本です。けれど「日々の食事では補いきれないものや自分の体に明らかに不足している栄養素や成分はサプリメントの力を積極的に借りる」というのが私とサプリメントのお付き合いのあり方です。ただ、やみくもに「なんとなく良さそう」という理由で摂るのではなく、あれこれ精査し、吟味した上で必要最小限のサプリを

「美も健康も〝今の状態を保つ〟ことは、アラフィフになれば至難の業。だから精鋭サプリの活用で少しでも合理的にキープしたい」

摂る〝少数精鋭主義〟です。「抗酸化」と「デトックス」は私たち世代の「健康とキレイ」の鍵を握っていると考えているので、その二つの効能に特化したサプリメント『スーパーアンチオキシダント』と『奇跡のりんご ペクチン入り顆粒』は毎日必ず摂る基本のサプリです。

十把ひとからげに、「加齢」だ「老化」だと言いますが、女性の体って一人一人別の個性を持つものです。「評判の成分だから」「話題のサプリだから」と、安易に飛びついてしまうと、本当に自分の体が必要としているものかが、わからなくなってしまいます。だからサプリを摂り始めたその日から、ちゃんと届いてる？ 調子はどう？ 何か変わった？ と、自問して、カサカサ、熱っぽい、張る、しっとり、ヒリヒリ、すっきり……体や肌に起きるそんな「ささいな変化」という声に丁寧に耳をそばだてる。私は手足や肌を目視するだけではなく、触れて、感じるようにしています。そして、服用の際は懐疑心を捨てて、素直に屈託なく、「これが効くのね！」と思いながら飲むようにしています。

Towako's 美語録 ｜ 整えられた指先やケアされた滑らかな手肌は、自信の源になる大切なポイントです。自分を粗末に扱うと、自然と粗末なオーラが出てしまいます

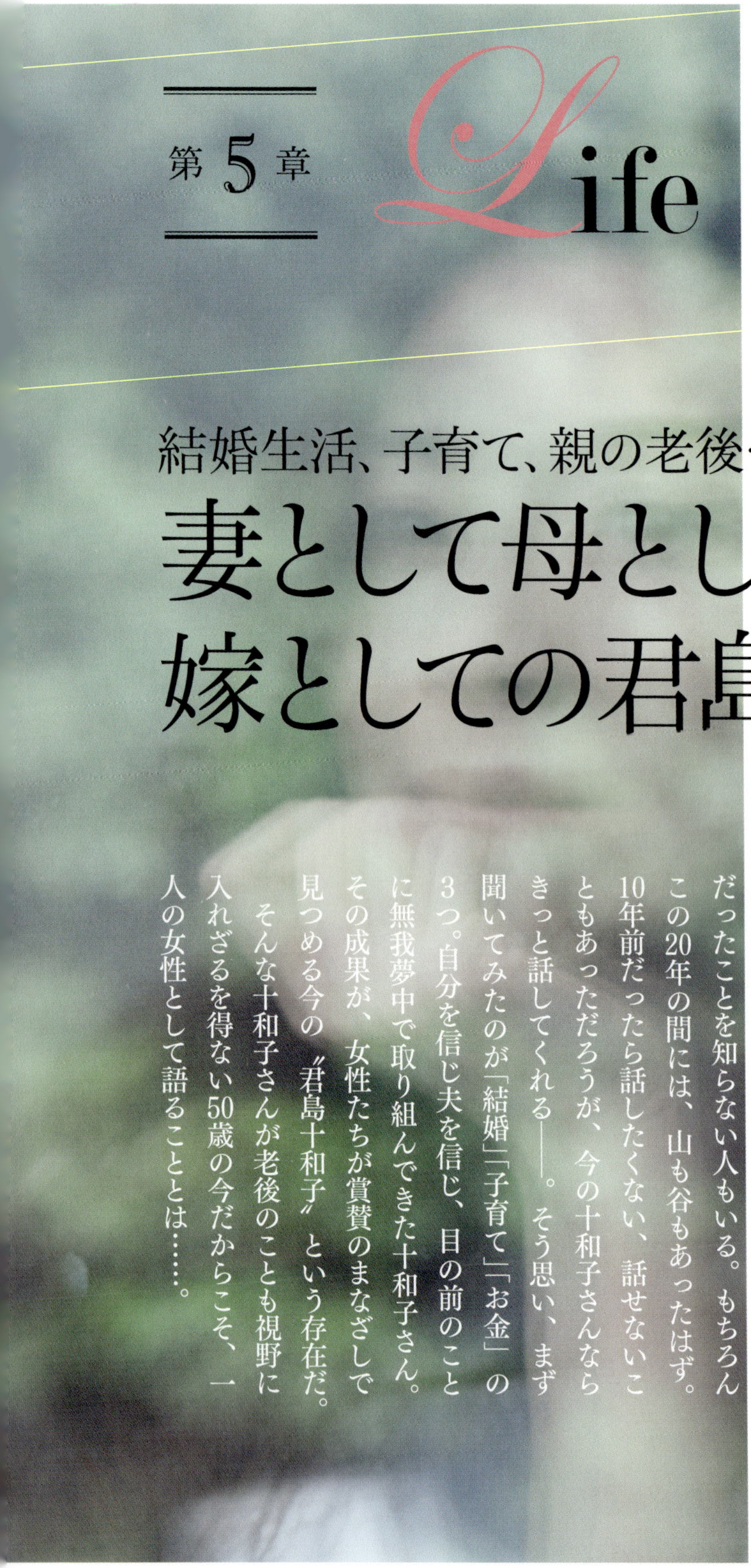

第5章 Life

結婚生活、子育て、親の老後……

妻として母として嫁としての君島十和子

妻になって20年、親になって18年、コスメブランドを立ち上げて12年。別れると周囲に断言された夫婦仲は続き、子どもたちも順調に成長。一本のUVケアクリームからスタートした事業は軌道にのり、いまや君島十和子といえば美容家であり、昔女優だったことを知らない人もいる。もちろんこの20年の間には、山も谷もあったはず。10年前だったら話したくない、話せないこともあっただろうが、今の十和子さんならきっと話してくれる——。そう思い、まず聞いてみたのが「結婚」「子育て」「お金」の3つ。自分を信じ夫を信じ、目の前のことに無我夢中で取り組んできた十和子さん。その成果が、女性たちが賞賛のまなざしで見つめる今の〝君島十和子〟という存在だ。

　そんな十和子さんが老後のことも視野に入れざるを得ない50歳の今だからこそ、一人の女性として語ることとは……。

MARRIAGE

すぐに離婚すると言われた結婚生活が20年間続いた理由

「じきに別れる」という世間の予想を裏切り続けて20年。今も色褪せない愛が続いている。花も嵐も踏み越えてきた夫婦にあったのは「この人と生きる」と決めた覚悟でした

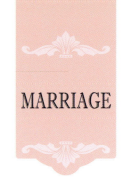

甘くない新婚生活が家族の絆を強くしてくれた

十和子　夫婦って、恋人のよう、親友のようと色々な関係に例えられるけど、私たちは「同志のよう」な夫婦かな。結婚が決まってすぐ騒動が持ち上がり、マスコミに叩かれる日々に。母が庭で洗濯ものを干していると近所の人から「娘さんをあんな家に嫁がせてはダメ」って言われるような、日本中誰一人賛成してくれない結婚だった。でも私にはあなたしかいなかった。

誉幸　結婚直後、父（デザイナーの君島一郎氏）が突然亡くなって、そこからはさらに怒濤の日々というか……。

十和子　そう。義父亡き後の主人に対する世間の風当たりは凄まじかった。会社の存続や遺産問題が、当時はまだ31歳のあなた一人の肩に一斉に降りかかってきて……。毎日歯を食いしばって家を出て、帰ってきた時はクタクタに疲れて、傷ついてて。

誉幸　甘い新婚生活どころではなかったね。

十和子　家族肩寄せあって頑張るしかなかったもの。だから、逆境を共に闘ってきた「同志」っていう思いが強いのかな、私たち夫婦とお義母さんの3人って。でもね、20年経った今振り返ると、あの過酷だった日々も家族の絆を強くしてくれた貴重な試練だったと思えるの。逆に、結婚して3年くらい経った時かな、「私たち夫婦は全てわかり合えてる?」って、ふと不安になった時があって。あなたは相変わらず仕事で忙しい日々を送っていて、愚痴すらも私にはこぼさない。ある日「あなたのこと100%理解したいから、思ってることみんな私に話して」って言ったの。覚えてる?

Towako's 美語録　「私なんか」という言葉が嫌いです。謙虚というよりは卑屈。そんなネガティブなことを言っている時間があったら、自分のいいところを探すべきです

夫婦って似た者同士で、違う者同士でもある

十和子　そうしたら「自分だって自分のことが100％理解できていないのに、あなたが100％理解する必要はない。70％でいいんだよ」って言われて……。

誉幸　そんなこと言いましたか（笑）。

十和子　おっしゃいました（笑）。なんかバッサリと切り捨てられたような感じがしてショックだったの。それで、先に結婚していた友人に相談したら、「人なんて3年ぐらいじゃわからないわよ」って軽く言われて。「そういうものなのね」と。

誉幸　で、20年経ってみてどう思うの？

十和子　いやもう、仰せの通りだなって。新婚当時は「夫婦って100％理解し合えて当然」だと思っていたけれど、20年も夫婦をしてるとわかるの、そんなに肩に力を入れて構えていたら長い人生を共にはできないって。結婚って、この人しかいないという覚悟をもって、二人が互いの良さを見つける努力をすることなんでしょうね。

誉幸　僕もそう思う。男と女って対極にあるから惹きつけ合うし反発し合う。いい意味であきらめて、認め合って、だんだんと夫婦になっていくんじゃないかな。

十和子　でも私とあなた、味覚でも笑いでも美的センスでも「好き」なものが似ていて、そういうところは似た者同士。あなたが季節ごとに買ってきてくれるスリッパはどんぴしゃで私好みですもん。

誉幸　『ユニクロ』に行った時見つけました（笑）。あと味覚は本当に大事。好みが一緒で、これはありがたいなと思ってる。あなたのつくるカレーなしの人生なんて考えられないですから。

十和子さん29歳。二人は出会い、恋をして、波乱が夫婦を同志にした

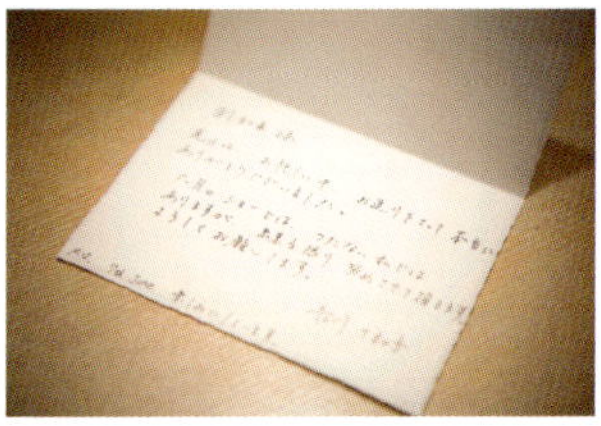

出会ってまもない頃、十和子さんが誉幸さんに送った仕事のお礼状

「最近、クリスマスは娘たちそれぞれに予定があり、夫婦で過ごすように」

「夫婦生活20年。やっと二十歳です。夫婦はこの先が面白い」

家のことは何でも二人で関わってみる

十和子　夫婦それぞれに役割といわれるものがあると思うんですけど、うちはなんでも二人でやってきました。あなたは男子厨房にも入って、娘たちのおむつも替えて、お迎えにも行ってくれた。スーパーの買い物だって私よりうーんと目利きだし。

誉幸　昔型の人間だった父が反面教師になってるんだろうね。結婚したら、家のことは何でも関わる夫や父になると決めてた。

十和子　私はあなたが家のことに関わってくださることを本当にありがたいと思っているの。お掃除なんか天才的に上手いし。

誉幸　ミスター原状復帰と呼ばれてます。

十和子　朝起きて、チラッとベッドルームを覗くと、もうシーツも掛け布団もピシーッとホテル並みになってる。だから憧れの二度寝なんてできません（笑）。

誉幸　寝ていいのに。また直すから（笑）。

十和子　たまに私が積極的に片づけていたりすると必要以上に褒めてくれるのよね。「えらい！　凄い！　どーしたの⁉」って。

誉幸　僕は、褒めて育てるタイプです（笑）。

十和子　私は、褒められて伸びるタイプです。

誉幸　でも夫婦って万事そう。補完関係というか、得意な人がやる。やれる人がやるというか。できれば二人でやることがたくさんあると楽しいと思う。摩擦やぶつかり合いも増えるけど、その分やっぱり絆は深まるから。

十和子　（ぺこり）感謝しております。

誉幸　去年母が倒れて、本当に大変だったじゃない。さっきもお見舞いに行ってきたら「あなたじゃなくて十和子さんが来てくれたらよかったのに」って言われて、カチンッときたんだけど（笑）。母にとってあなたは最高な嫁なんだと思った。

十和子　「得意料理はゆで卵です！」っていう嫁をここまでにしてくださったのはお義母様。そのご恩は一生だと思ってる。介護だってなんだって、あなたと二人で力を合わせてやろうと決めています。

誉幸　（ぺこり）ありがとう。

Towako's 美語録　美しくなるためには、そのための努力をするかしないか、結局はそれだけのことです。美しくなるのは楽しいし、自分だけでなく周囲まで豊かにします

先に逝く幸せ、残る覚悟。相手を思う夫婦の終い支度

誉幸　僕ね、君島十和子と結婚したプレッシャーはあるか？　と、よく聞かれるけど、ないんですよ。色々とご忠告いただきますが、本人たちが楽しければいいんじゃないですか、って。そこだと思うんです、大事なのは。今はもちろん、これから先も「この人と二人、楽しく生きる」と決めているので、死ぬまで夫婦であることを楽しむつもり。

誉幸さんがそばにいると、十和子さんの笑顔は格段に増える

ご主人がポツリつぶやくエッジの効いたギャグに、十和子さん破顔一笑

十和子　もちろん私もそのつもり。でもね、最後はできることならあなたより先に死にたいな。残されるのは辛いから。いつか、下の世話してあげるって言ってくださいましたよね？　そのお言葉にぜひ甘えたいと思っているんですけど。

誉幸　うん。大丈夫だからね、安心しておばあちゃんになってください。あなたを一人にするのは僕も切ないから。僕は連れ合いから残される寂しさの方をとるよ。そうは言っても、絶対にこっちが先に逝っちゃうと思いますが。

十和子　うーん（笑）。でも娘二人を育て上げて、夫婦二人っきりになったら、あなたは終の棲家としてどこで暮らしたい？

誉幸　海、希望。海が見えるところで暮らしたい。あなたは海嫌いでしょ？

十和子　嫌いではないけれど、風光明媚なところよりも、人や街がザワザワと息づいてるところが好きみたい。娘たちがどこにお嫁にいっても遊びに来やすい都心にあるマンションがいいかな。どちらかが残っても、一人で始末がつけられるような……。

誉幸　そういうことも、ぼちぼち考えていかなきゃね。

十和子　でも死んだ後というか、来世も私たちきっとまた夫婦だと思うの。

誉幸　長いおつき合いです（笑）。

十和子　スピリチュアルな方にみていただくと必ず「前世も前々世も夫婦だった」って言われるでしょ。今度は私がお掃除好きな夫かな（笑）。

キッチンのゴミ箱をお買い物中。何でも二人で悩んで、二人で決める

この人と死ぬまで
夫婦を楽しみます

MOTHER HOOD

子育てに正解はないけれど働く母として感じる胸の痛み

仕事を持つ母として、胸の奥にあるのは子どもたちへの罪悪感。「完璧な両立」を目指して、悩んで、迷って。働く母も専業主婦の母も子を思う気持ちは皆一緒です

働く母の胸にはいつだって、チクリと刺さる棘がある

夕方6時。私が一日で一番ストレスを感じる時間です。テレビから聞こえてくるのは各局申し合わせたかのような料理関係の番組やB級グルメの食レポ。それを外で目にしたり耳にしたりするたび、家にいる娘の顔が浮かび、「おなかを空かせて観てないといいんだけど……」と、胸が痛みます。本来なら、張り切って夕飯の支度をしている時間。働く母としての罪悪感は、チクリチクリと毎日顔を出し、慣れることはありません。今でも帰宅時になると「早く、家に！」と気持ちが焦ります。

専業主婦と有職主婦、どちらのあり方が望ましいのか？……という論争は折りに触れ世論を騒がせてきましたが、正解なんて出ないでしょう。私は「働く母」も「専業主婦」も、どちらもやらせていただいた身ですが、働く母の罪悪感、専業主婦の鬱屈や閉塞感、という互いが抱える痛みは理解できても、「どちらが望ましいのか」となれば、わからないのが正直なところ。手間暇をかけた手づくりおやつと仕事の帰りにお店に並んで買った話題のスイーツ、どちらにも母親の愛情はたっぷりと注がれていて、そこで愛情の量など測れません。

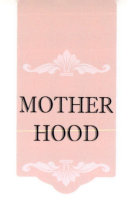

私を〝働く幸せな母〟にしてくれたのは主人と娘たち

……と、頭ではわかっているものの、6時になると痛みだす私の罪悪感。ストレスは美の天敵、すぐに手放すべきと公言していますが、こればかりは無理なようです。

そして、仕事に子育てにつまずくたびに手を差し伸べてくれた主人の存在はとても大きかったと思います。働く主婦に育てられた主人は働く女性に寛容でした。私の抱える罪悪感に「ずっと家にいればいい母親ってことでもないでしょ?」とさらりと言い、「家事も仕事も子育ても、やれる人がやればいいじゃない」と、仕事帰りにスーパーに飛び込み、子どものお迎えも父母会も黒一点、ママたちがひしめく中に飛び込んでくれる。

マスコミから「必ず離婚するカップル」と、言われ続けてきた私たちですが、長く楽しく夫婦をやってこられたのは、主人の飄々としたフェミニズムと「うちはうち、よそ様はよそ様」という彼の持つシンプルで骨太な人生観のおかげかもしれません。主人の存在なしに、私は「働く幸せな母」にはなれませんでした。

長女は19歳。次女は15歳。多感で傷つきやすく、だけど日ごとたくましくなっていく女の子を二人、今でも悪戦苦闘しながら育てています。最近娘たちに言われ、思わず苦笑したことがありました。久しぶりに家族四人で食事に行った時のこと。お店で火がついたように泣いているお子さんがいらしたのですが、ご両親はゆるりとその状況を見守っている感じでした。すると娘たちが帰りの車の中で「あの子がうちの子だったらママに雷落とされて、速攻で泣きやまされてたよね」とポツリと言いました。

「右は長女、左は次女のファーストシュ　ズ」。大事に大事に保管

家族写真の中の子どもたちも年々大人に。夫婦も共に成熟を重ねていく

「次女が小学校1～2年生の時に描いた絵。茶髪が似てます(笑)」

Towako's 美語録

生きていれば恥をかいたり、失敗したりすることも。でもそんな場面でも凛とできる人もいます。傲慢さや冷たさではなく、本物の品性だと思うのです

似た者同士の長女と私。彼女の旅立ちの日は号泣

確かに「人様にご迷惑をかけてはならない」と意識的に厳しく躾けてきました。「母親が働いているから躾が行き届いていない」「テレビや雑誌に出たりと一般的な母親とは違う人の子だから我がままだ」と後ろ指を指されることだけはさせまい、という思いは過剰なほどに持っていました。「人目」や「世間体」といったものを気にして育てたことは否めません。娘たちには、そういうことを無言でも有言でも強いていたのかな……。そう思うと、やはりチクリと胸が痛みます。

長女は宝塚歌劇団へ入団しました。

どの親も子どもを手放す瞬間というのが来ます。それは我が子が自立した一人の人間になる瞬間でもあります。私は3年前の春、入寮の日の朝に、一度もこちらを振り返ることなく寮に向かって歩いていく娘の後ろ姿を見た時、「ああ、今だ。それは今きた」と思いました。離れ離れになる覚悟なんかとっくにできていたはずだし、私も本人も望んでいた門出だったのに、切なくて涙が止まりませんでした。

不安でつぶれそうな胸をシャンと張って、一言も語らず、一度も振り返らず、前だけを向いて歩いていく娘の姿を一生忘れることはないと思います。あまりに象徴的な巣立ちだったからでしょうか、今でも思い出すたびに泣いてしまいます。

「長女が関西に行ってしまうまで、お弁当は毎朝二人分。寝坊した日はなぜか必ずオムライス」。（写真右上）昔使っていたかわいいお弁当箱（写真右）49歳のお誕生日ケーキ。「ロウソクは立てられるだけ立ててくれたようです（笑）」

夏休み、娘さんと二人でつくった餃子。気がついたら43個も。「どうしましょ……」

「子どものうちからデザインの美しい器を、でも割れないものを」とご主人が探してきたプラスチックのグラス。今もとってある

似た者同士の長女と私。だから、長女の覚悟も痛みも寂しさも、それに負けない希望も痛いほどにわかりました。

次女の発する小さな声に耳をそばだて、じっと見つめたい

次女はまもなく高校生です。

私の日々の胸の「チクリ」はほとんどが彼女への罪悪感です。長女の受験などもあり、物心ついてからずっと長女のペースで動かなくてはならなかった。特にここ数年は寂しい思いや不便な思い、たくさんの犠牲や我慢を強いたと思うのです。

「長女から私を経由して、現在は次女のスカートに」

だからあの子の発する小さな声に、もっと耳をそばだてるつもりです。彼女もそう遠くないいつか、私の元から旅立つ時がくるでしょう。それまで彼女の成長をうんと近くで無遠慮なほどジーッと見つめて、見守りたいと思っています。少々うるさがられても。そして私の手を離れる時「次女って得だったね」と、思わせるつもりです。

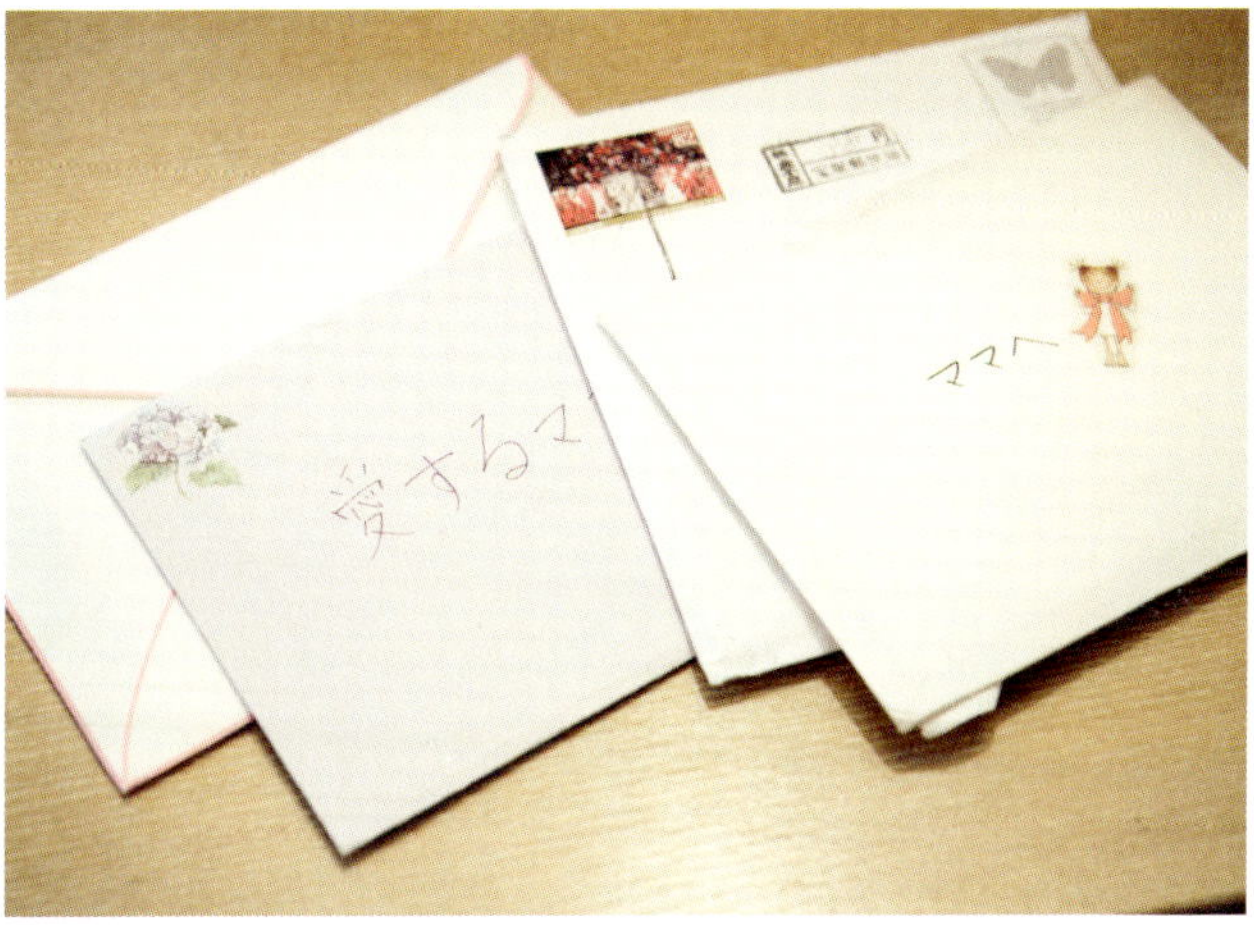

娘さんたちから贈られたカード。ご長女が暮らす関西からの消印も見える

《追伸》先日、アルバムを整理していたら、『東京ディズニーランド』の『スプラッシュ・マウンテン』に乗っている時に撮られた写真が出てきました。その写真を見た娘たちがひとこと。「お母さんって、こういう時でも、顔をつくってるよね」「隣の子どもなんて、泣いてるのに。この差は凄い(笑)」。

職業病というべきか、滝壺に落ちる瞬間も無意識ににっこりと笑っている私。「あら、怖い」と、私も強気で応戦。こんなビターな会話のやりとりは、娘を持つ母の醍醐味でしょう。女のコって手強くて可愛くて面白い。もっともっと色んな話をしてね、笑わせてね。母と娘、女同士のお楽しみはこれからなんだから。

リビングに置かれていたのは「次女が描いたHappyの文字。ずっと幸せでありますように」

Towako's 美語録　メイク法をマスターするより、まずは心身ともに健康でなければ。
生活をきちんと送ることこそ、自分の中に眠る美しさを開花させるのです

MONEY

遣う、貯める、遺す、手放す……
お金について思うこと

50代はゴールを見据え、自分の人生を「やりくり」すべき時期。お金はどう遣い、どう遺す？ どれだけ貯める？ 手放す？……その按配やいかに。十和子さんの筋の通ったお金道

君島家の辞書に「一攫千金」の文字はない

お恥ずかしい話ですが、結婚するまで実家暮らしだったこともあり、私は「お金」のことを深くは考えたことのない人間でした。でも今は「お金は何に対してあとどれくらい必要なのか」、つまり老後を送るのにいくら必要かを真剣に考えなければいけない世代になってきたことを痛感しています。芸能界に入り、小学校の頃からコツコツとお年玉を貯めていた銀行口座にケタの違うお給料が振り込まれた時も、新婚早々、義父の急逝で否応なく巻き込まれていった相続を巡る騒動の際にも、私の「お金」に対するスタンスは変わることはありませんでした。「あれば遣い、なければ遣わない」「絶望もないけれど大きな希望もない」という良くも悪くもお金に頓着しない、というより頓着せずとも生きてこられた幸せな人生だったと思います。

ただ、お金が時に歪んだ感情を引き出し、人間関係を簡単に壊してしまうこと、お金に振り回される人生があるということ、そんなことは誰の人生にも起こり得るということは、結婚後の狂騒ともいえる騒動の中、主人のそばで見て感じていました。

あの騒動から20年。私なりに「お金」に関して決めていることがいくつかあります。まず「人生に一攫千金はない。必要ない」というものです。お金の持つ豊かさも怖さも知る主人も同じ信条です。だからうちでは宝くじの類を買いません。あぶく銭とはよく言ったもので、真っ当なやり方で手にした収入しか、お金は身につかない、力にはならないと思っています。地味で何の面白みもない信条ですが、「正しいやり方で地道にお金を手にする」ことが、お金との関係の大前提だと肝に銘じています。

そして「お金は人格そのもの」であるということ。お金の遣い方がその人の人格や品格を形づくっていくのだと思います。昨今は、お世話になった方に感謝を伝えるお中元やお歳暮が形骸化し、若い人の間では無くなりつつあるそうですが、我が家では大切にしている風儀のひとつです。お金は何のためにあるのか？　と考えると、それは人様に感謝を伝えるためにあるべきだと思うのです（衣食住などの生活費以外の遣い方としてです）。

お世話になった方、感謝を伝えたい方に、爽やかに気持ちをお伝えする。やっていただいたことを「ラッキー」で済ませるのではなく、そのご恩をきちんとお返しする。お金も感謝も還元し循環させてこそ。自分のところで堰き止めるようなことはしてはならないと思っています。

「お金と引き換えに手に入れられるものは豊かさ、自由、安心。けれどお金だけでは手に入らないものもある」

Towako's 美語録　自分に対して正直であること。そして「何が起こっても大丈夫」と信じてみる、結婚も仕事も人生も。それが心の健やかさのカギ

人生の滋養や生きる力になるものを娘たちに遺したい

そしてもう一つ。「自社製品は身銭を切って買う」こと。『ＦＴＣ』の製品は自分のお財布からお金を出して購入しています（社販価格ですが）。そうしなければ製品の本当の姿や価値は見えてこないと考えているから。「この商品に６千円の価値はあるのか？」購入する側の気持ちになって初めてリアルが見えてくるもの。周囲の方からは「自社製品を浴びるように使っているんでしょ」と言われることも多く、やはり世間ではそう思われているんだ……と、少々落ち込みますが、それはそういうイメージをもたれる私の不徳の致すところです。化粧品を買うというお金の「遣い方」一つでも、それはその人の信念や生き方を示すものであり、やはり怖いのはお金ではなく、その「遣い方」です。

リビングの高所に祀られた神棚。お札は氏神様でもある明治神宮のもの

遣い方以外にも、貯める、遺す、手放すことの按配が私の今後の課題です。子どもたちに遺すものは何か？　それはモノ？　お金？　不動産？　あらゆるモノはただのモノで持ち主の手を離れた段階で中古品となり、その価値は半減します。娘たちに遺そうと思っていたハイブランドのバッグを見ていて、ふとそう思いました。

私にとっては愛着と言う価値があるものばかりですが、娘たちにとってはどうなのだろう……と。

「“キレイごと”と言われても、お金より大事なものはあるんです」

経済のトレンドは間違いなく停滞もしくは衰退へとシフトし始めています。誰もが1年先のことがわからずに強い不安と疑心に飲みこまれています。だけれど、そんな時代だからこそ、敢えてモノやお金でないものを遺したいと強く思うようになりました。「お金」や不動産を遺したところで、娘たちの人生の幸福を保証できはしないでしょう。彼女たちにはお金では買うことのできない大事なものを遺してやりたいと思っています。それは生き方であり人格であり、人生の滋養や力になるようなもの。一番は「強靭な精神」を。そして清廉さ、品格、愛、情、教養など、人としての豊かさにつながる全てのことをできるだけ。そして「人生って色々あるけど、色々あるから面白いのよ。生きてるだけで価値があることなのよ」という人生の本質を。

オフィスに飾られた縁起物の熊手。毎年、酉の市で購入している

相伝すべきはそこだと思っています。キレイごとに聞こえるかもしれませんが、強い精神と豊かな人格は、人生における現実的で有益な「財産」だと思うのです。私が親として二人の娘に遺そうと決めたものは、少々の結婚資金とカレーのレシピとパールのネックレスを一つずつ。そしてお金では買えない、目に見えぬものです。逆に決して遺してならないものは「借金」と「親の面倒」だと肝に銘じています。

ピンクのコインケースと長財布は『エルメス』、ゴールドの長財布は『シャネル』

　一昨年は義母の入院などもあり、老後の生活とお金のことは現実問題となり、大いに考えさせられることとなりました。言葉を選ばずに言ってしまえば、「お金の多寡で医療や介護の質が決まる」ということです。憤りを感じますが、それが日本の介護の現実であるということを思い知らされました。

太陽のコインが入った赤い御守りと
豊川稲荷の黄色い札の和洋折衷

　いつ終わるともわからない人生にどれだけのお金を遺せば不安はなく暮らせるのか？　義母は40年間懸命に働き続けた蓄えで、自分の希望する施設に入りました。義母が自分の始末をきちんとつけて、穏やかに老後を暮らしているように、私も終い支度のための蓄えは遺したいと考えています。

“今”に感謝し満足する「身の丈に合った生き方」

私は「身の丈に合った」という言葉が好きなのですが、それは「ほどほどで我慢しなさい、身の程を知りなさい」という意味ではなく、まずは今あるものに満足してみる、ということ。

　身の丈に合ったお金や生活とは高望みをすることではなく、今あるお金に感謝し、今ある幸せに満たされること。すると身の丈はどんどんと伸びてくると思うのです。欲望ではなくまず満足すること。そんなことも人生の折り返しを過ぎた今だから、見えてきたことです。これから大人になる娘たちに、そんな「欲望とお金の不思議な関係」も伝えたいと思っています。今度一緒にお風呂に入った時には「お金とは仲良く、誠実に向き合うこと。お金を憎んだり、疎んじたり、恋焦がれたり、執着したりしないこと。こうしてみるとお金ってまるで人間関係そのものよね」と、やんわり、だけど本音で話したいと思っています。

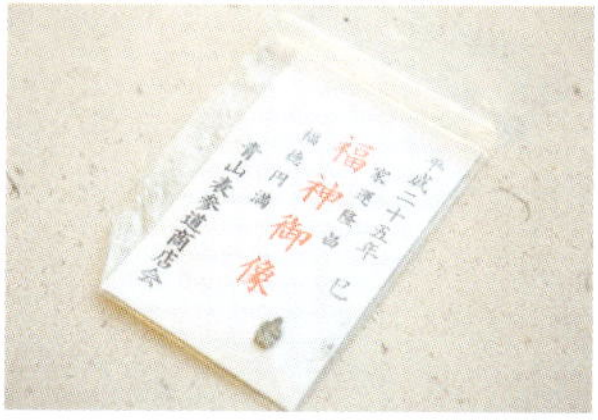

青山表参道商店会の御守り。「お財布の中には三つも神様が（笑）」

Towako's 美語録　心身の健やかさは、決して自分のためだけのものではない。愛する人たちと分かちあうためにあるのです

READING

これなしでは生きている甲斐がないと思うもの①
読書の愉しみ

「溢れる好奇心を満たすべく」、「異空間へ旅に出るために」、そして、「人生の真理が知りたくて」今日も明日も十和子さんは本を読む。「本は人生のもう一人の相棒です」

どんな人の人生も面白いように、どんな本も面白い

これがないと生きていけない。そういうものって案外少なく、つきつめれば「家族」ぐらいで、それ以外のものなら、ないなりになんとかなる……と、思えます。でも、これがないと生きている甲斐がない、と思うものはけっこうあって、それは仕事だったり、おいしい食事だったり、本だったり。

私は夜寝る前には必ず本を読みます。どれだけ疲れていても眠くても、必ず本を手にとって開き、ページをめくる。これはもう若い頃からの習慣で、安眠の儀式になっているのかもしれません。

君島家に嫁いだ時、私が実家から持ち出した荷物はトラック一台分ほどあり、その大半が本と靴でした。新居（主人の実家）の一部屋のほとんどを本が占拠してしまうことになり、泣く泣くかなりの本を処分しました。それ以来、特にハードカバーの本は、この先もずっと残しておきたいと思える本だけを買おうと決めたので、適当に選んで何となく買うようなことはしません。本屋さんで本を物色する時間が長いのは、

お嫁入り時のトラウマのせいです（笑）。
月に単行本で2、3冊。文庫本なら5、6冊ぐらい読みます。小説、歴史、哲学、エッセイ、ミステリー、実用、ノンフィクション……「嫌いなおかずはありません。何でもおいしくいただきます！」という、いつもおなかをすかせた食いしん坊みたいに、あれやこれや読むので、我が家の本棚は混沌としていて、まさにカオス……。
本を買った日は、旅に出るための飛行機や電車のチケットを手に入れた時のように、心がウキウキと弾みます。たとえ1時間でも15分でも、つかの間独りになって、ここではないどこかへ、時空を越えた別の世界に移動する楽しさは格別のもの。この幸福はまさに「旅」だといえます。
バッグには必ず文庫本が一冊。飛行機や新幹線の中は絶好の読書の場ですが、その一冊をうっかり忘れてしまった時の無念といったら！「やっぱり出かける直前にバッグを替えたのが失敗だったわ……」と、離陸するまで（新幹線なら新横浜あたりまで）ブツブツ、イジイジ（笑）。私らしくなく、しつこく落ち込んでしまいます。

Towako's 美語録
自分の身を飾るものにこだわるより、自分に取り入れるものにこだわる方が自分を根底から変えてくれます。だから食事も読書も同じように大切です

繰り返し読みたくなる本には人生の課題が隠れている

今回の取材で「心に残る一冊は?」と聞かれ、ためらいもなく口をついて出たのが村木厚子さんの『あきらめない』でした。厚生労働省の郵便不正事件で冤罪を被った方が書かれた本です。この本には厚生労働事務次官（現在は退任）から一転、無実の罪で逮捕、勾留、無罪が確定するまでが、恨みつらみ一切なしに、ただ淡々と書かれています。

キャリアを奪われ、罪人として扱われ、信頼していた部下が次々と保身のために虚偽の発言をしていくのを裁判で目の当たりにする地獄のような日々……。でも村木さんは絶望することなく、「自分がブレずにあきらめなければ必ず真実は明かされる」と、巨大な権力に屈することなく静かに正義の声を上げ続けます。この本は「あきらめないことの大切さ」と「働く女性へのエール」にあふれていて、私はどれほど励まされたことでしょう。

釈放された後も、「何があっても、ふだんの生活に戻ったなら、またコツコツと目の前の仕事をし、そこで存在感を示すのが人間のあり方だ」というようなことを書かれていたと思うのですが、その言葉が、今も私の生きる支えになっています。

誰かと自分を比べることなど意味のないことかもしれませんが、村木さんの舐めた辛酸や辛苦を思うと、「私ごときが簡単に、疲れただの、もう無理だの、限界だの言えないわ！」と、不安や疲労で萎えかけた心も奮い立つんです。

この本は私が抱えているヒリヒリとする何かに触れたのでしょう。何度も読み返し

ただいま現代美術と建築デザインに興味津々。「非言語の芸術を勉強したいんです」

書店には週に一度は行く。「どの本棚から見て回ろうかと考えるのも楽しいんです」

MARUZEN & ジュンク堂渋谷店
東京都渋谷区道玄坂 2-24-1 東急百貨店本店　7 階
営業時間　10 時～21 時
定休日：無し
電話 03-5456-2111

リビングにある本棚のほんの一部。多様性のある知性の源が垣間見える

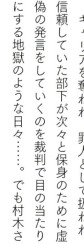

十和子's
ブック
Selection

十和子さんが取材の際に購入した本。話題の新刊から、静かに版を重ね続けている秀作まで計4冊。好奇心が心の代謝を高め、その知性が十和子さんを磨いている

何度でもハマりたい池井戸ワールド

「ご多分にもれず、テレビドラマ『半沢直樹』で池井戸ワールドにハマり、以来ほとんどの著書を耽読。一度読み始めるとちょっとやそっとのことではやめられないので、入浴中の読書には大変危険な本です（笑）」

『あきらめない』／日経 BP 社、『私は負けない』／中央公論新社（共に村木厚子著）「村木さんの仕事に対する姿勢は私の理想。今まで何度励まされたことか」

「ガイドとしてお能の鑑賞前に読みます。ストーリーを輪郭だけでも知っていると何倍も楽しいから」。『まんがで楽しむ能の名曲七〇番』村尚也著／檜書店

イタリア全土を戦火に巻き込んだボルジア家の栄華と凋落の日々を描いた、文豪デュマのもう一つの名作。『ボルジア家』アレクサンドル・デュマ著／作品社

異能の画師・伊藤若冲。奇抜な作品は「天才にもほどがある」と十和子さんを虜にしている。（写真右から）『若冲』澤田瞳子著／文藝春秋、『異能の画家　伊藤若冲』狩野博幸・森村泰昌著／新潮社、『吼えよ　江戸象』熊谷敬太郎著／ＮＨＫ出版

たくなる本やフレーズには、そこに課題やメッセージが潜んでいるはず。「そうか。私は今、遅まきながら働くことの意味や試練や覚悟を感じているのね」と……。本が面白いのはこんなフィードバックがあるからかもしれません。どんなジャンルの本も、その物語の行き着く先はどれも「人はみな傷つき、喜び、嘆きながらもそれぞれの人生を必死に生きている」ということ。それに尽きる、と気がついた今日この頃。50歳の誕生日を迎え、私は若さを一つ失ったけれど、その分また一つ賢くなり、強くなり、自由になったんだと思いました。

　本は生きるヒントと栄養と勇気を「お好きなだけどうぞ」と差し出してくれます。そしてつかの間、私を翻弄し、癒し、時に猛らせ、驚愕させ、様々な体験と感情を味わせてもくれる。本のない人生はのっぺらぼうみたいで、きっと味気なく、つまらないと思うのです。私は一粒で何度もおいしいキャラメルを舐めるように、本のある人生を味わいたい。この先もずっと、ワクワクとキャラメルの箱を開ける子どものように本を読み続けると思います。

Towako's 美語録

楽しみは先延ばしにしません。だって先がいつまであるかなんて保証はないのですから

WORKING

これなしでは生きていない甲斐がないと思うもの②
仕事がくれる充実感

課題をクリアした時の達成感、だれかの「ありがとう」や「嬉しい」に心が満たされる幸福。辛いことも多いけれど、自分らしく生きるために「仕事」がある

毎日、泣いたり歯軋りしたり。それでも仕事は生き甲斐です

化粧品会社を起こして12年目に入りました。2005年にUVケアクリームを発表して以来、化粧品という女性の夢や希望が込められている製品をつくり届けるという仕事をさせていただいています。やり甲斐とともに責任も使命も増えましたし、年齢やキャリア的にもエクスキューズのきかない身にもなりました。

当然、悩みもストレスも焦燥も……世の働く女性同様に背負っています。毎日、泣いたり笑ったり歯軋りしたり。ときに「代われるものなら代わっていただきたいです」と、主人に愚痴をこぼしたり、かわいくない啖呵を切ってしまうほど（笑）。それでも仕事がくれるときめきや充実感に勝るものはなく、私にとって「仕事」は労働だけでなく、喜びと生き甲斐です。

「経理は大の苦手ですが、コピーならおまかせあれ（笑）」

1本の口紅が起こす魔法に一生ときめき続ける

たった1本のマスカラや口紅が、女性の表情をハッとするほど明るくさせ、笑顔を生む……そんな様子を目の当たりにする幸せ。女の人がキレイになって喜ぶ姿を見ることは、私にとってこの上ない果報です。そこには女優時代の仕事に勝る感動や手応えが感じられました。「美を発信する」という仕事は私にとって適職であり、自分でいうのはおこがましいかもしれませんが、天職だと思います。

「気と心を込めて書いています」。お客様に贈るバースデーカードに一枚一枚入魂

化粧品には女性のキレイという幸福がゆだねられています。だから一回たりともお客様を裏切ることはできません。嘘やごまかしは絶対にあってはならないこと。「適当ではいけない、ルーズではいけない、いつだって真実であらねばならない」が、私の仕事の信条です。化粧品に限らず、商品はつくり手の人格や生き様がそのまま反映するもの。製品で君島十和子という人間が評価され、判断されるのだと覚悟し「本物と真心しか残らないんだ」と、胸に刻んでいます。化粧品は朝に晩に、手にとって肌につけていただくもので、一回きりの、一期一会のお付き合いではありません。

社長（ご主人）以外は全員女性という『FTC』スタッフ。華やかで明るい職場

Towako's 美語録 この顔、この体、この自分。〝自分〟と毎日付き合っていく覚悟を持てば、おのずと表情も変わるはずです

女性の元気とキレイが、周囲の人を幸せに巻き込む

「今はいい」「これでいい」では製品としても、仕事のあり方としても及第どころか失格です。長く続いてこその、仕事。私は完全燃焼系というか一球入魂型の性分ですが、仕事においてはそれだけでは自己満足に過ぎません。継続は力なり、とコツコツ努力を続けること。あきらめないこと。努力は決して裏切らないと信じて、たとえ裏切られても報われなくても、続けること。それが仕事だということを学んでいるところです。「楽な道より、やり甲斐のある道を選ぶ」そう決めて仕事に取り組んできました。この先もその思いは変わりません。

『FTC』会報誌の校正も十和子さんの大事な仕事。製品の紹介だけでなく、十和子さんのプライベート情報も掲載

私は私自身のために仕事をしています。女性がキレイになるという喜びのために働いています。とはいえ、私はみなさんを特別な美しい魔女にしたいわけではありません。キレイの概念や価値は千差万別で、一つのセオリーでは網羅できるものではありませんから。私がお手伝いしたいのはキレイのベースとなる部分「女性であることの喜びやときめき」を感じていただくことです。それには女性が自分自身を大切にすることが必要。自分に手間や時間やお金をかけることの後ろめたさを取り除きたい、キレイになることに罪悪感や羞恥を感じることなく、もっと自由に軽やかになっていただきたい、と思っています。

キレイは連鎖し、幸福は必ず伝播します。

オフィスに飾られた『FTC 飲む美容液PREMIUM』モンドセレクションの金賞受賞の賞状の前で

自分がキレイで幸せでいることは、あなたに関係する人たちも幸せになるということ。だから迷わず、キレイになっていただきたいのです。「君島十和子」は、その一つの基準でありたいと願っています。

私にとって50歳はリセット、再構築の歳になりました。プライドも若さも手放し、ゼロになったところで、さあ、新たに何を手に入れたい？　と、自分に問うた時「後悔せずに自分らしく生きてゆきたい」と強く思いました。向こう見ずなパワーや若い肌は失ったかもしれませんが、自由なエネルギーを得た気がします。夢と希望を持ち続け、自由の羽をうんと広げ、仕事も人生も女性としても「いい歳をして……」と言われる人になることが、私の50代からの目標です。

「美容は〝これでいい〟がない世界。〝これがいい〟と言える商品でないと」。自社の試供品を厳しくチェック

「仕事をさせていただける幸せ。それは好機とご縁に恵まれたおかげと心から感謝しています。けれどそれだけではありません。ただ漫然と流されてきたわけではないんです。ない知恵をしぼり、這いずり回ってここまできたという自負はあります」。優雅な佇まいの店舗や本人とは対照的に泥臭い言葉が語られる。「だから私、喜びを忘れないようにしているんです。〝つらい、悲しい〟より、〝嬉しい〟をずっと覚えておく。性懲りもなくまた立ち上がれるように」。十和子さんの本質は、美しさはもちろんのこと強さと一途さにあるのです

Towako's 美語録　いくつになってもなりたい自分をイメージしながら、右のポッケに〝慎重〟、左のポッケに〝大胆不敵〟を入れて、生きていきます

十和子さんのポイントメイクコスメ

ではそのコツは？「頑張り過ぎない、でも手は抜かないことだと思います」

オレンジを効かす ②「スマートメイク」

本書 P1 などに登場

【アイシャドウ】FTC ミューズオーラパレット 2015
【リップ】ディオール アディクト リップマキシマイザー 001
【チーク】ヴィセ リップ&チーク クリーム PK-7 アプリコットピンク

ポイントは目尻1/3に入れたオレンジ色のシャドウ。ちょっと色をプラスするだけで、ふわりとした甘さが消え、余裕のある大人の洗練さが出る

清楚で凛とした ①「定番十和子メイク」

本書 P2 に登場

【アイシャドウ】FTC ミューズオーラパレット 2015
【リップ】FTC UV ブリリアントリップスティック シフォンピンク
【チーク】RMK インジーニアス パウダーチークスN EX-03 シャイニーピンク

清潔感と大人の色香が共存する十和子メイクのスタンダード。リップは輪郭を描かずに直塗りで、ナチュラルに

華やかで知的な ④「オフィスメイク」

本書 P104 などに登場

【アイシャドウ】FTC ミューズオーラパレット 2015
【リップ】FTC UV ブリリアントリップスティック シフォンピンク
【チーク】FTC トワコ UV プレミアムチークPK

華やかな衣装に負けないオフィスメイク。目尻の際にブラウンのシャドウをきっちり入れ、まつ毛も通常より上げて、目の「フレームライン」をナチュラルに際立たせる

光を味方にした ③「ツヤ感メイク」

本書 P76 などに登場

【アイシャドウ】FTCミューズオーラパレット 2015
【リップ】ジバンシイ ルージュ・アンテルディ 21
【チーク】M・A・C パウダー ブラッシュ ピンクスウーン

レフ板効果のあるハイライトカラーは目頭や口角にのせるだけ。涙袋やこめかみには、白より色みのあるピンクのほうがナチュラルな立体感が出る。光を味方につける品のいいツヤ感メイク

ちなみにアイブロウメイクは

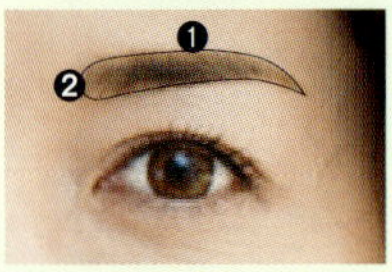

【使用アイテム】
アナスタシア ブロウペンシル 11
ヴィセ リシェ ソフト&スリム アイブロウ ペンシル BR301
ジルスチュアート アイブロウパウダー

❶明暗2色のペンシルで眉の薄い部分を丁寧に埋める様に描き、形を整える。眉山付近は一番濃くなるように❷眉全体にパウダーをのせ、最後に残ったパウダーで眉頭を自然にぼかす
※アイテム、描き方は①～④のメイク全てに共通です

①定番十和子メイク

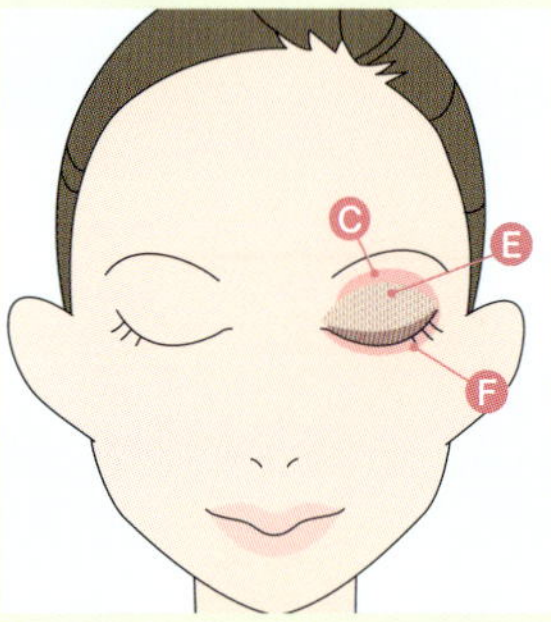

F→E→Cの順でのせる

ポイントは色をのせる順番1一番濃いFを目の際に軽いタッチでのせる2次にアイホール全体にEをのせる3最後にCを上まぶた全体に軽くのせる

図解 上の①～④のアイメイクの方法

Ⓐ 繊細なシルバーラメが入ったベージュ
Ⓑ ホワイト
Ⓒ 淡いピンク（黄色味のないもの）
Ⓓ シアーなオレンジ
Ⓔ 明るめなブラウン
Ⓕ ボルドーブラウン

上記の①～④のアイメイクはすべて「FTCミューズオーラパレット 2015」というアイシャドウパレットを使用しています。残念ながら限定品のため、現在同じ商品は入手できませんが、お手持ちの似た色みのシャドウやハイライトで大丈夫。テクニックいらずの十和子メイクに、ぜひ挑戦してみてください

SPECIAL PAGE 1

本書の撮影で使用した

十和子メイクの鉄則は「メイクがキレイなのではなく、その女性がキレイに見えること」。

可愛さを纏った「リラックスメイク」

本書 P43 などに登場

【アイシャドウ】ジルスチュアート リボンクチュール アイズ 04
【リップ】キッカ メスメリック リップスティック 27
【チーク】ルナソル カラーリング クリーミィチークス 01 ソフトピンク

カジュアルメイクだからこそ、目元や眉などのパーツを意識して引き立たせること。これが〝ルーズだけどカワイイ〟をきちんと見せるテク

ふわり優しい「幸せ顔メイク」

本書 P68 などに登場

【アイシャドウ】クレ・ド・ポー ボーテ オンブルクルールクアドリ n313
【リップ】FTC UV ブリリアント リップスティック シフォンピンク
【チーク】エスプリーク グロウ チーク PK-2

目の際を締めるアイラインと丁寧に入れた最小限のシャドウでまぶたのくすみを払拭。ゆるふわヘアでバランスをとって、優しい幸福顔に

5歳若返る！「休日の元気メイク」

表紙などに登場

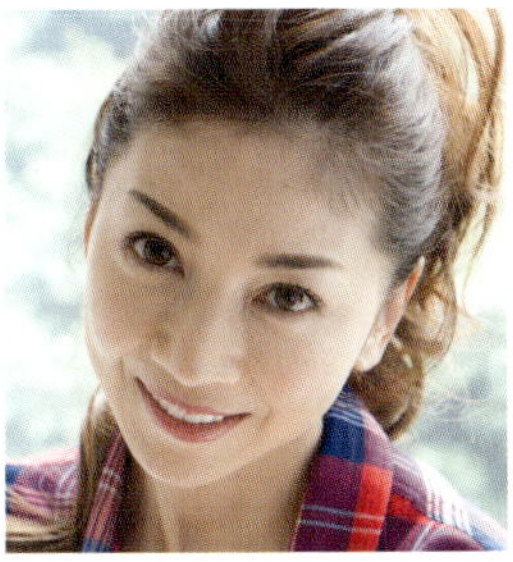

【アイシャドウ】FTC ミューズオーラパレット 2015
【リップ】FTC UV ブリリアント リップスティック シフォンピンク
【チーク】ルナソル カラーリングシアーチークス 02

なんとお隣の「色艶メイク」の頬にフェイスパウダーを薄く重ね、チークの面積を小さくしただけ！ ヘアスタイルと服を変えれば印象はこんなに変わるのです

女らしさが溢れる「色艶メイク」

本書 P5 などに登場

【アイシャドウ】FTC ミューズオーラパレット 2015
【リップ】FTC UV ブリリアント リップスティック シフォンピンク
【チーク】ルナソル カラーリングシアーチークス 02

大人の艶と血色をつくるのは「ピンクの落とし所」。濃いめのチークを頬骨の高い位置から耳の根元までシュッと入れる。リップもピンク系の直塗りで

撮影で使用されたマスカラは全て同じです

FTC
スーパー トワコ マスカラ
8.5 g／¥3,700

ぼやけ始めた目元に最も重要なのはマスカラ。「アイラインをたっぷり入れるより、まつ毛を長く濃く見せれば、自然でキレイな目元が甦ります」

④オフィスメイク

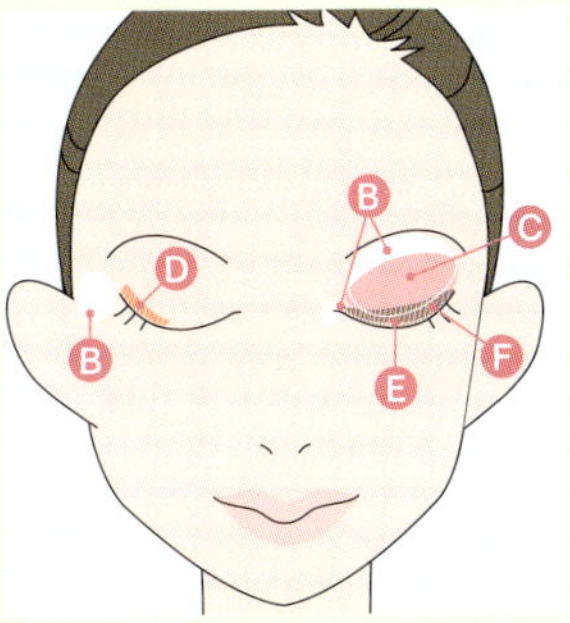

B→C→F→E→Dの順でのせる

1上まぶた全体とこめかみ、目頭にB、続けてCを重ねる。2アイラインとしてFを入れ、3二重まぶた部分にE、4目尻1/3にDを入れ、フレームを強調

③ツヤ感メイク

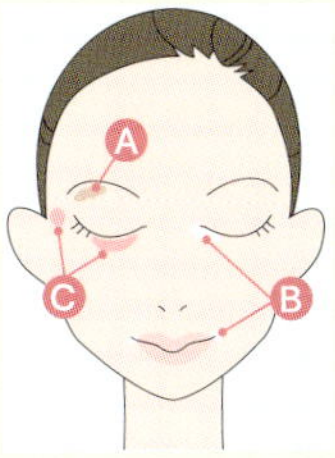

①のメイクにA、B、Cを足す

①の「定番十和子メイク」の眉下にAを、目頭と口角にちょこんとBを、涙袋とこめかみにCをのせる

②スマートメイク

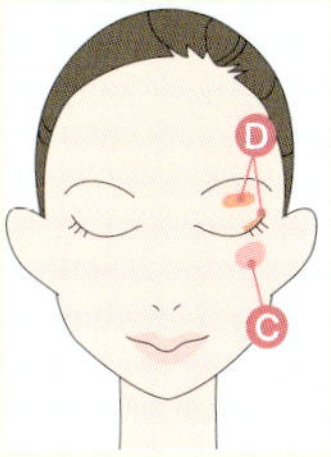

①のメイクにCとDを足す

①の「定番十和子メイク」の目尻 1/3 とアイホールの上部中央にDをプラス。Cをチークがわりに頬にのせる

※108～109ページで紹介されている使用コスメは、十和子さんの私物です。限定品や現在は製造中止となっている商品、色番号も含まれます

十和子さんのファッションアイテム

た。撮影時だけでなく打ち合わせの時に履いていた靴や持っていたバッグもご紹介！

SHOES

十和子さんが靴選びで重視するのは「①洗練されたフォルムであること②コーディネイトしやすいこと③一期一会を見逃さないこと」。ペタンコ靴からハイヒールまでTPOに合わせて履きこなしています

（写真右から）『ジミー チュウ』のバレエシューズ、『シャネル』のエナメルシューズ、『ジミー チュウ』のパンプス どれも歩きやすいヘビロテの靴たち

「オフィシャルな装いの時に重宝」。ベージュ×黒のコンビのパンプス（シャネル）

「つま先がラウンドトウになっているのでヒールが高くても履きやすい」（シャネル）

シルバーのメッシュにビジューが可愛い！ 6㎝ヒールパンプス（ヴァレンティノ）

「ヌーディーな色とデザインはどんな衣装にも合います」（クリスチャン ルブタン）

「福岡のデパートで一目ぼれし、即購入しました」。スウェードのブーツ（シャネル）

「ストラップが幅広で柔らかいので、ガシガシ歩ける重宝なサンダルです」（シャネル）

OTHERS

ジュエリー、時計、ヘアアクセサリー……意外にも!?お手頃価格なものも愛用しています。どれも身に着けるたびに幸福を感じさせてくれるのだそう

「主人がミラノでふいに買ってくれた『シャンテクレール』のペンダントヘッド」

義母から譲り受けたダイヤの指輪。「ジュエリーは毎日身につけて、美を楽しむもの」が信条

「『帝国ホテル』の売店で見つけた2700円のバレッタ」は紺と白のワンピと相性抜群。夏に大活躍

「ヘアアクセサリーで髪の印象はグンと変わります」。ふだん愛用しているコレクション

ご主人と共有している『カルティエ』の腕時計。「文字盤が大ぶりなのでユニセックスで使えます」

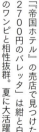

SPECIAL PAGE 2　本書の取材で着用した

〝100％のリアル〞を目指し、『十和子道』の撮影は全て十和子さんの私服＆私物で行われまし

WEAR

ハイブランドからカジュアルなファストファッションまで、その着こなしは自由自在。「放つ色はそのまま私の意志になる」と、ウエアへのこだわりはまず色！

『ルシアン ペラフィネ』のピンクのニット。「ピンクは大人の女性が確実に元気になる色」

「シャツは次女、パンツは長女のお下がり」。ファストファッションもさらりと着こなす

ご主人が見立てた『ジャンバティスタヴァリ』のアンサンブル。美しい色と豪華な刺繍がお気に入り

これもご主人が『表参道ヒルズ』で見つけたもの。「娘と共有しています」

大きな格子柄が特徴の『ディオール』のスカート。「暗い色の服になりがちな冬に大活躍」

「スーツのインナーにもOK」な白のブラウスは『アレキサンダー・マックイーン』

秋冬に出番の多い『ディースクエアード2』のジャンパースカート。「色使いが気に入っています」

大小のビーズで精緻に装飾された『グレースコンチネンタル』のカットソーは大阪で購入

『ジューシー　クチュール』のセットアップのジャージ。「ホームウエアに大活躍！」

BAG

バッグの選び方が変わってくる50代。軽くて使いやすいものを探しつつ、でも自分らしさは失いたくない……十和子さんの美意識と遊び心が垣間見えてきます

えび茶色のショルダーは「カジュアルな服にもOK。何にでも合うバッグ」（シャネル）

大好きなラパンのファーショルダーは、ご主人からのクリスマスプレゼント（シャネル）

「A３サイズの書類も入るので、このトートバッグは仕事でよく使います」（シャネル）

「ウエットスーツの生地でできているので、とても軽い！」。関西で出会った手洗いOKのバッグ

娘さんにと購入したクラッチバッグは、「紆余曲折があり、ただいま私が愛用中」

取材・文／稲田美保
撮影／本多佳子（Studio MaaR）、冨樫実和
ヘア／黒田啓藏（Three Peace）
古根丈史（aleeza）P104 ～ 107
デザイン／志村謙（Banana Grove Studio）
イラスト／原田暁子 P108 ～ 109
校閲／鴎来堂
担当編集／片桐ゆうこ（女性誌企画編集部）

初出　オンラインメディア OurAge　2015 年 11 月～ 2016 年 8 月配信の連載「十和子道」/ 季刊誌 MyAge 2015 年 Vol.7、2016 年 Vol.8、2016 年 Vol.9
本書は上記メディアにて配信・掲載された記事を編纂し、加筆したものです。

十《と》和《わ》子《こ》道《どう》

2016 年 10 月 10 日　第 1 刷発行
2016 年 11 月 7 日　第 3 刷発行

著者　君島十和子
発行人　南方知英子

発行所　株式会社　集英社
〒 101-8050
東京都千代田区一ツ橋 2-5-10
編集部　電話 03-3230-6250
読者係　電話 03-3230-6080
販売部　電話 03-3230-6393（書店専用）

印刷・製本　凸版印刷株式会社

ISBN 978-4-08-333163-3 C2077
定価はカバーに表示してあります。